仏陀の修行法・四正勤より

運命を変える

四正勤法《ししょうごんほう》

湯田浩一

Kohji Yuda

まえがき

先日テレビを見ていたら、素粒子理論研究の第一線で活躍されている物理学者と唯識論で高名な仏教学者との対談があり、その中で、仏教学者が物理学者に「幸福とは何か?幸福の定義は何か?」と質問されていた。

筆者は、その質問自体に驚いた。と言うのは、「あなたの幸福は何か?」と個人の幸福について質問されたら、多くの人は何とか答えられると思うが、「幸福とは何か?幸福の定義は何か?」と全ての人に通じる幸福について質問されたら、正解か不正解かは抜きにしても、質問自体に答えようとする人は僧侶や宗教者以外はあまりいないのではないかと思っていた。そのため物理学者が答えるのか答えないのか、答えるとしたらどのように答えるのかと、興味を持って固唾を呑んで見守っていた。

すると、物理学者は少し考えてから口を開いたが、それでも予想していたよりも格段に早く答えられたので、これまた驚いてしまった。狩猟犬種を愛犬に持つ物理学者は、愛犬を外に連れ出すと狩猟犬の本能に目覚めて走り回り非常に喜ぶという事実から、「幸福とは、幸福の定義は、人間でも動物でも機能を十分に発揮できることではないか」と答えられた。

確かにそれもあるだろうと思う。しかし、病気になったり年老いたりして機能を十分に発揮できなくなった時は、幸福ではないかというとそうとも言い切れない。実際のところは、病気になったり年老いたりしても、どちらかと言えば幸福であると思っている人は案外多い。
それとは反対に、健康で若くても不幸であると思っている人も結構多い。

幸福や不幸は、代表的なものとしては、昔からよく「人それぞれの感じ方、受け取り方のいかんによる」とも言われ、または「人それぞれが持つ自由の度合いと量のいかんによる」とも言われており、
「これが幸福の定義だ」というものはなかなか見当たらない。

「人それぞれの感じ方、受け取り方のいかんによる」については、人は誰でも病気にならないと、今健康であることのありがたみや大切さに気付かない。健康であるからこそ、本人にやる気さえあればどんな事でもトライすることができるというごく当たり前のありがたみに気付かない。そのため、「幸福や不幸は、人それぞれの感じ方、受け取り方のいかんによる」は確かにそうであるが、定義としてはそれでもどこか納得できないところがある。

「人それぞれが持つ自由の度合いと量のいかんによる」については、人は少しでも自分の欲するままに自由に買い物をしたり食事をしたり旅行をしたりする目的のために、金銭を求めている。一般的に、自分の欲するままに自由に買い物をしたり食事をしたり旅行をしたりするこ

とが幸福であると思っている人は多い。言葉を換えると、お金をより多く持っている方が幸福であると思っている人は多い。ほとんどの人がそう思っていると言っても、案外、的外れではないかもしれない。金銭が少ないと、それらが制限されることになり不自由になる。金銭を得ることにより、その分だけ不自由を減らし自由を得ることができるのである。同じように、地位や権力も、それらを得ることにより、その分だけ不自由を減らし自由を得ることができる。そのため、地位がより高く、権力をより多く持っている方が幸福であると思っている人が多い。これもやはり、ほとんどの人がそう思っていると言っても差し支えない。

そうしてみると、人が仕事をする目的・学問をする目的・生きる目的は幸福のためであり、自由の獲得・自由の実現にあるという見方ができる。幸福や不幸は、人それぞれがどれだけ自由に生きることができるのかという見方ができる。

しかし、よく考えてもらいたい。私達には、自由がどれだけあるのだろうか。自由に関する問題において、昔からよく引き合いに出されるものがある。「生まれてくる自由」である。この世に生まれてくるという一大事においてさえ、私達人間には選択権、すなわち自由は全くない。生まれてくる場所、時、そして両親を選択することなく、ある日、気付いたら生まれていたのである。生まれてくる家庭環境とか容姿や性格や才能など、私達人間には選択権、すなわち自由はないのである。そのため、「幸福や不幸は、人それぞれが持つ自由の度合いと量のいかんによる」は確かにそうであるが、幸福の定義としてはこれもやはりどこか納得できないところがある。このように、幸福の定義は非常にむずかしい。

それでは、仏教では幸福をどのように捉え、どのように説いているのだろうか。運命という概念とも関係しているので、それも含めて説明していきたい。

運命とは、人の意志をこえてやってくる身の上に起こる出来事、幸福、不幸を言う。人それぞれの健康状態となって現れ、家庭・学業・仕事・人間関係など環境となって現れる。

人間は勿論、海や山や川、動物や植物や鉱物など、この世にあるものは全て、因果律により存在している。全て原因があって、それに条件(縁)が加わって、結果となってあらわれる。現れた結果が、さらに次の原因となって(報となって)展開していく。この世は全て、因縁果報(因果律)により存在している。全ては、因果律により偶然ではなく必然であるからこそ、そのことを「運命」と称している。逆の見方をすれば、因を変えたり縁を変えたりすれば、果(結果)も変わるということなのである。そして、そのことを「運命を変える」と称している。

仏陀は、健康・仕事・生活上の悩みや苦しみを始めとして、人間関係を含めた全ての苦しみや不幸は、心の中にある煩悩(我)によってもたらされると説いている。煩悩(我)とは、電子計算機(コンピューター)で例えると、内蔵されているプログラムの一部に相当する。

煩悩とは、人間一人一人の心(意識)に内臓されているプログラムのうち、怒り・憎しみ・怨み・羨望・恐れ・妄想・偏見・自己限定など自己中心の心の働きを作動させるプログラムである。例えば、同じ場面・状況に遭遇しても、Aさんは怒りや憎しみの感情が湧くが、Bさんは感謝の感情が湧くというように、心(意識)に内臓されているプログラムに従って異なる感情が湧き、異なる行動を起こす。Cさんは肯定的(プラス)に受け取り希望を持って積極的に行動するが、Dさんは否定的(マイナス)に受け取り希望を失って行動を中止するなど、心(意識)に内臓されているプログラムに従って異なる判断をし、異なる選択をする。

そのため、「人それぞれの感じ方、受け取り方」も、人間一人一人の心(意識)に内臓されている煩悩に左右されると言っても過言ではない。

人それぞれの煩悩(我)次第で、因縁果報(因果律)により苦しみや不幸が多く生じたり、逆に楽しみや幸福が多く生じたりする。

すなわち、運命とは人の意志をこえてやってくる身の上に起こる出来事、幸福、不幸を言うが、それは人間一人一人の心(意識)に内臓されている煩悩(我)によって具現化されるのである。幸福や不幸は、煩悩(我)によって具現化されるのである。

それでは、「幸福を得る方法はあるのか？　もしあるとするならば、どんな方法なのか？」

いろんな所でよく耳にする方法は、大まかには次のようなものである。

①・怒りや憎しみなど(の感情・煩悩)は、できるだけ(言葉や行動には)出さないようにする。

②・目標を持って、それを達成するように努力する。

③・仕事や勉強を始め何事にも不平不満を言わずに、周囲に感謝して真面目に勤める。

④・神社や寺院にお参りして神様や仏様を心から拝んだり、家に神棚や仏壇があればそれを心から拝んだりして気持を新たにする。

など。拝聴してしばらくの間は、「確かにそうだ、そのように行動しよう。」と思うものである。ところが、教えとしてのすばらしさは理解できるけれども、実際の日常生活においてはなかなか実行できないのである。

④は何とか実行できたとしても、特に①の〝怒りや憎しみなどの煩悩は出さないようにする〟は実行しようと思っていても、なかなか実行できないのである。それは何故か？一言でいえば、それが煩悩(我)だからである。普段いくら出さないように思っていても、つい思わず出てしまうのが煩悩(我)なのである。

それでは仏陀釈尊は、どのように説かれているのだろうか。仏陀釈尊は、「幸福を得る方法は次のようなものである」と説かれている。

もし、心(意識)に内臓されている煩悩(我)を減少することができたり、減少できなくても実際の生活の場において言葉となって現れる煩悩(我)を抑えることができるならば、それに応じて不幸な出来事が減ることになる。さらに、人を助けたり人のためになる事を行なっていくと、幸福な出来事が生じることになる。

すなわち、実際の生活の場において、言葉や行動をそれまでの自分の言動パターンとは別の〝世のため人のためになるパターン〟に変えることで、それも一時的に変えるのではなく、ずっと変え続けることで、因果律により運命が幸福な方向へと変わっていくことになる。あたかも、女性がいつまでも若く美しくありたいと毎日化粧をするように、そして男女を問わず、いつまでも若く健康でありたいと毎日食事に気を使い運動をするように、それと同じように自分の言動パターンを毎日〝世のため人のためになるパターン〟にするのである。

そして仏陀釈尊は、その方法を具体的に説かれている。その方法が、これから説明する四正勤(ししょうごん)であり、「運命を変える四正勤法」である。

目次

第一章　四正勤法《ししょうごんほう》と運命《うんめい》

第一章　四正勤法と運命

一―一　四正勤法とは何か？

四正勤（ししょうごん）は四正断（ししょうだん）とも言い、仏陀の修行法である「三十七菩提分法」の中の第二の修行法である。

仏陀の修行法　「三十七菩提分法」とは、全ての苦しみと不幸のもとである煩悩（我）を解消して平安と幸せをもたらす方法であり、輪廻から解脱する方法すなわち成仏法である。

それは、仏陀の教えに最も近いとされる経典「阿含経」（ニカーヤまたはアーガマ）の中にある。阿含経典の第四編である「雑阿含経」の中に、究極の目標である「解脱」に到達するための実践方法が集録されている。古来の仏教者たちは、その方法を「三十七品菩提分法」とか「三十七菩提分法」あるいは「三十七道品」と称してきた。

たとえば、曹洞宗の開祖道元禅師（一二〇〇～一二五三）は、「正法眼蔵」の中で、「この三十七品菩提分法、すなわち仏祖の眼睛鼻孔、皮肉骨髄、手足面目なり。仏祖一枚、これを三十七品菩提分法と参学しきたれり」と紹介している。

すなわち道元禅師は、三十七品菩提分法は仏陀ご自身そのものであり、仏陀は三十七品菩提分法を修行して「解脱」を達成されたと述べている。

また、真言宗の開祖弘法大師空海(七七四〜八三五)は、「弁顕密二教論」の中で、「第一の法宝とは即ち是れ摩訶般若解脱法身なり。第二の法宝とは謂く戒定智慧の諸の妙功徳なり。いわゆる三十七菩提分法なり」と記している。

すなわち弘法大師空海は、第一の究極の宝とは解脱法身、すなわち宇宙の本源であり根本原理であり聖なる知性であり、キリスト教やユダヤ教などの一神教では〝神〟と呼ばれ、宗教とは一線を画している知識人からは〝宇宙法則〟とか〝宇宙意識〟とか〝大生命〟などと呼ばれているのがそうであると説いている。ここではそれを「大生命」と表現する。そして第二の究極の宝とは「解脱」(輪廻からの解放)すなわち「大生命との同化」を達成するための戒律・瞑想(定)・智慧すなわち戒定慧(かい・じょう・え)の三学が結晶した三十七菩提分法がそうであると説いている。


三十七菩提分法とは、四念処(四念住)・四正勤(四正断)・四神足(四如意足)・五根・五力・七覚支・八正道(八聖道)の七種類に分別された総数三十七と記されている修行法である。

四正勤(四正断)は、断断(断勤)、律儀断(律儀勤)、随護断(随護勤)、修断(修勤)の四つの修行法から成り立っていると言われている。そして、その四つの修行法は次のようなものであると言われている。

・**断断**（だんだん）　既に生じた悪を除くするように勤める。

・**律儀断**（りつぎだん）　まだ生じない悪を起こさないように勤める。

・**随護断**（ずいごだん）　まだ生じない善を起こすように勤める。

・**修断**（しゅだん）　既に生じた善を大きくするように勤める。

本当に断断（断勤）、律儀断（律儀勤）、随護断（随護勤）、修断（修勤）は、従来から言われているように、四つの修行法のことなのだろうか？

実は、そうじゃない。

仏陀釈尊がご活躍された時代の古代インドでは、ほとんどの人は、自分が行なってきた行為に応じて生まれ変わるという「輪廻思想」を強く信じていた。善行為をすれば幸せなことが起こり、来世は良い境遇に生まれ変わるが、反対に、悪行為をすれば不幸なことが起こり、来世は悪い境遇に生まれ変わると強く信じていた。仏陀釈尊の時代から二五〇〇年経った現代においても、インドの大多数の人は輪廻思想を強く信じていると言われている。さらに、仏陀釈尊の時代においては、現代の初等教育レベルの学問さえ学んだ人は、ごくわずかしかいなかった。

読み書きができたのは、教育を受けることができた王侯貴族や宗教者の子弟など、ごく限られた人達だけだった。

また、四念処(四念住)・四正勤(四正断)・四神足(四如意足)・五根・五力・七覚支・八正道(八聖道)という七種類の仏陀の修行法の名称は、仏陀釈尊が弟子や信者達にご指導された多くの修行法を、仏陀釈尊がお亡くなりになった後に、弟子達が最終的に七種類の修行法に分類・整理して、それぞれの修行法を識別するために付けられたタイトル(題名)である。そのため、四とか五などの数字は修行法の数(種類)を表わしている場合もあるが、それだけではなく修行法の内容や効果の数(種類)とか、修行法の特徴の数(種類)を表わしている場合もある。

そうした時代背景や仏陀の修行法の名称の成り立ちなどを考慮すると、断断(断勤)、律儀断(律儀勤)、随護断(随護勤)、修断(修勤)は四つの修行法ではなく、四つの効果を表している。それぞれの意味は、次のようになる。

・断断

これまでの(前世と今生の)人生において積み重ねてきた悪行・悪業によって、今すでに生じている悪い出来事が、四正勤法を実践していくにつれて次第に解消・消滅していく。

・**律儀断**　これまでの人生において積み重ねてきた悪行・悪業によって、今後生じるであろう悪い出来事が、四正勤法を実践していくにつれて生じる前に解消・消滅していくようになる。

・**随護断**　これまでの人生において積み重ねてきた善行・善業によって、今後生じるであろう良い出来事が、四正勤法を実践していくにつれて速やかに実現するようになる。

・**修　断**　これまでの人生において積み重ねてきた善行・善業によって、今すでに生じている良い出来事が、四正勤法を実践していくにつれて増々大きくなっていく。

それでは、四正勤(四正断)とはどんな修行かというと、「勤」すなわち積極的に行なう修行と「断」すなわち決して行なわない修行のことをいう。

それでは、何を積極的に行ない、何を決して行なわないのかというと、「積徳・積善を積極的に行ない」「悪行・不善を決して行なわない」のである。

「積徳・積善に勤め、悪行・不善を行なわない」修行というと、まさしく「戒」を守る修行である「戒行」のことである。

「戒行」を実践すれば、断断(断勤)、律儀断(律儀勤)、随護断(随護勤)、修断(修勤)の効果を得ることができるという意味なのである。

多くの人が理解している戒行は、「悪いことは行なわずに、良いことを行なう」という倫理、道徳とあまり変わらない程度の認識が一般的である。しかし、四正勤という戒行は、それだけではないのである。

筆者が説明した断断、律儀断、随護断、修断の四つの意味をもう一度よく見てほしい。四正勤法を実践していくことで、

断　断　今すでに生じている悪い出来事が、次第に解消・消滅していく。

律儀断　今後生じるであろう悪い出来事が、生じる前に解消・消滅していく。

随護断　今後生じるであろう良い出来事が、速やかに実現するようになる。

修　断　今すでに生じている良い出来事が、増々大きくなっていく。

ということは、別の言葉で言い表すと、まさしく「運命が変わる」ということである。四正勤法を実践していくことで、運命が良い方向に変わるのである。

仏陀釈尊は、弟子や信者達の理解力や能力に応じて、相手が理解できるように臨機応変に懇切丁寧に説法されたと伝えられている。（これを対機説法という）

私達現代人ならば、「運命が変わる」と言えばすぐに理解できるけれども、現代の初等教育レベルの学問さえ学んでいなかった古代インドの一般大衆には理解するのが難しかったと思われる。おそらく、古代インドの多くの人達には、運命という概念はピンとこなかったのであろう。そのため、仏陀釈尊は、「運命が変わる」という内容を、誰でも理解できるように、「断断、律儀断、随護断、修断」の内容に置き換えて説明されたのであろう。

私達現代人は「運命」と言えばすぐに理解できるので、ここでは「運命」という言葉で説明していく。

・そもそも、運命というのはあるのか？
・さらに運命は変えることが出来るのか？
・四正勤法を実践していくことで、なぜ運命が変わるのか？から、まずは説明していきたい。

一―二　運命はあるのか、さらに運命を変えることは出来るのか？

子供の頃から親兄弟をはじめ周囲の人達から聞かされる運命に関係する話や、テレビやラジ

《18ページのうしろ、一—二の前》

「第一章　四正勤法と運命　一—一　四正勤法とは何か？」への追加

（解説１）仏陀釈尊は、出家者（僧侶）に対しては、「解脱」（輪廻を脱した境地、涅槃）を目的に、教えと実践法（修行法）を説いたが、在家者（一般大衆）に対しては、彼らの悩みや苦しみの相談を受けて、それを解決できるように、彼らの理解力に応じて適切な教えと実践法を説いた。

（解説２）仏陀釈尊は、修行が進んで最終段階になると、占術や超能力に頼ることは勿論のこと、〝運命の言及〟とか〝権威者や秘法・秘伝に頼る〟といったことも戒めている。何故ならば心（意識）がそれに束縛され限定されてしまうので、解脱の障害にしかならないからである。

しかし、その前段階までは、仏陀の修行法すなわち仏陀が説く秘法・秘伝に頼り、それに則って修行するのである。

（解説３）四正勤は、仏陀がお亡くなりになって以降、二千数百年もの間、仏陀釈尊の教えである四行の文章の訳出の範囲以外は公には詳しく言及されたことはなかった。

今回、四正勤を、解脱の前段階まで近づけるという限定はあるけれども、その実践法を具体的に提示し、具体的に解説しようと試みている。

（解説4）

第五章で「運命を変える四正勤法」として、第一課程から第七課程までを手順ごとに分かり易く紹介しているが、マインドフルネスを第四課程に位置づけている。「マインドフルネス瞑想」は、インドからスリランカ、ミャンマー、タイなど東南アジアに伝えられた、仏陀直説の経典アーガマを信奉している上座部仏教の主要な修行法(瞑想法)である。ごく最近知ったが、第五課程も上座部仏教の主要な修行法(瞑想法)である「ヴィパッサナー瞑想」に似ている。

そのため、読者の中に「マインドフルネス瞑想」系、「ヴィパッサナー瞑想」系の上座部仏教の関係者がおられるならば、「四正勤法」や「四念処法」の構成要素にされたと誤解されて、傷付けられたという思いが湧くかもしれない。

しかし、筆者は純粋に四正勤(もちろん四念処も)を追及した結果であり、上座部仏教を貶めたり傷つけようという思いは一切ない。

筆者の前作の投稿文から「ヴィパッサナー瞑想」の存在を知り、日本で実践・研究をされている地橋秀雄師の本「瞑想との出会い」(デン峰出版)を読む機会を得た。そこで感じたことは、「ヴィパッサナー瞑想」の中にも四正勤や四神足があるようだが、それらはヴィパッサナー瞑想を追求・深化したものと思われる。

仏陀の修行法は、ヨガとは全く関係がないという立場とお見受けされるが、しかし仏陀はヨガの達人と称されたと伝えられている。

筆者は26才の頃に、通説では仏陀の呼吸法とされた「安那般那念経」に出会った。それから数年の後、「安那般那念経」は四神足ではないかと気付いた。

さらにそれから5~6年の後に、桐山靖雄師が「安那般那念経」は四神足であるという本を出版された。その時筆者は、自分の考えに同調する心強い援護者を得たと思った。

しかし、桐山師の解釈は、宗教指導者としての立場からだろうと思われるが、概要の提示だけであり、具体的な内容については示されていない。

尚、筆者は前作「四神足瞑想法」において、概要とともに内容も具体的に示している。仏陀釈尊は、ヨガだけではなくバラモン教やジャイナ教も研究されたものと思われる。仏陀ご自身が修行で得た真理だけでなく、ヨガやバラモン教やジャイナ教の聖者が説いていた真理や教えも伝えたのであり、「仏教」という意識はなかったと思われる。仏陀釈尊は、人として歩むべき道を説いたのであり、さらに自ら宗教の開祖となる意識(思い)は当然なかったのである。

蛇足かもしれないが、地橋師の本「瞑想との出会い」は、瞑想法や教えとしても優れた内容であり、一読をお勧めしたい。

（解説5）

当初、第四章の四―三「見究めた我（煩悩）を解消する方法」で、煩悩の大小強弱のタイプを数種類に層別したタイプごとの方法を紹介する予定であった。

しかし、地橋師が紹介している方法と酷似した部分があり、追加修正をしていくうちに相当な量になり、紙数の都合と地橋師に敬意を表して、今回は割愛している。

今後機会があれば、紹介したいと思っている。

オや雑誌で見聞きする運命に関係する話、〝今月の運勢、今日の運勢〟などの占い、さらに自分の体験などを振り返ってみて、「もしかしたら運命があるんじゃないか」と多くの人は漠然と思っている。

また、普段は「運命などあるものか」と言う人も、初詣に訪れる神社や寺院、観光で訪れる神社や寺院で、おみくじを引いたり、お札やお守りを買い求めたりもする。そうしてみると、そういう人も「もしかしたら運命があるんじゃないか」と内心では思っているのかもしれない。

運命とは、人の意志をこえてやってくる身の上に起こる出来事、幸福、不幸を言う。人それぞれの健康状態となって現れ、家庭・学業・仕事・人間関係など環境となって現れる。

幸福や不幸は、昔からよく「人それぞれの感じ方、受け取り方のいかんによる」とも言われ、「人それぞれが持つ自由の度合いと量のいかんによる」とも言われている。

「人それぞれの感じ方、受け取り方のいかんによる」については、健康を例にとってもよく分かる。人は誰でも病気にならないと、今健康であることのありがたみや大切さに気付かない。健康であるからこそ、本人のやる気さえあればどんな事でもトライすることができるというありがたみに気付かない。

「人それぞれが持つ自由の度合いと量のいかんによる」については、人は少しでも自分の欲するままに自由に買い物をしたり食事をしたり旅行をしたりする目的のために、金銭を求めている。金銭が少ないと、それらが制限されることになり不自由になる。金銭を得ることにより、それだけ不自由を減らし自由を得ることができるのである。同じように、地位や権力も、それらを得ることにより、それだけ不自由を減らし自由を得ることができる。体も健康であると、自由に身体を動かすことができる。病気になると、それに伴なう身体の苦痛、自由に身体を動かすことができない不自由さ、「病気は治るのか、治らないのか、治っても後遺症が残るかもしれない」といった不安が生じてくる。体の健康もそれを得ることにより、それだけ不自由を減らし自由を得ることができる。同じように、心の健康もそうである。

そうしてみると、人が仕事をする目的・学問をする目的・生きる目的は幸福のためであり、自由の獲得・自由の実現にあるという見方ができる。幸福や不幸は、人それぞれがどれだけ自由に生きることができるのかという見方ができる。

しかし、よく考えてもらいたい。私達には、自由がどれだけあるのだろうか。自由に関する問題において、昔からよく引き合いに出されるものがある。

「生まれてくる自由」である。この世に生まれてくるという一大事においてさえ、私達人間には選択権、すなわち自由は全くない。生まれてくる場所、時、そして両親を選択することなく、ある日、気付いたら生まれていたのである。生まれてくる家庭環境とか容姿や性格や才能など、私達人間には選択権、すなわち自由はないのである。そして、「老い」や「病気」や「死」についてもそうである。私達人間には選択権、すなわち自由は全くない。

私達は、ともすれば、「死」に関してだけは自殺という行為があるので、いつでも死のうと思った時に自由に死ねると思いがちである。

そうではない。

まず、前提条件である「死のうと本人が思いつめること」さえ、思い詰めるだけの条件(例えば、病気、借金、事業の倒産など)がないと思いつめることはない。さらに、自殺を思い詰めるだけの条件が生じて自殺を試みても、実際に必ず死ねるとは限らないそうである。筆者は自殺をしようと思ったことはないので分からないが、実際に自殺を試みた人達の体験談によると、その人達の結論によると、人は死ぬだけの条件が揃わないと死ねないとのことである。

一例として、NHK大河ドラマ「西郷どん」で登場した人物の例をあげてみる。西南戦争において、薩摩軍の決起を主導した一人であり実質的な総指揮官であった桐野利秋(中村半次郎、幕末には「人斬り半次郎」と呼ばれ怖れられた剣客)は、薩摩軍の戦局が悪化して熊本から宮崎へと転戦せざるを得なくなった。その頃の逸話として、自分が主導して戦争に巻き込んだ結果、戦死した多くの同志達、二十歳前後の多くの若者達に許しを乞う意味からだろうか、名誉の戦死という形の自殺行為をはかったそうである。彼は単身、最前線の政府軍の陣地に戦う構えも見せずに、悠然と出ていったそうである。すると、見張り役の兵士達の中に桐野を見知った者がいたと見えて、突然陣地内が騒がしくなり大声が飛び交ったそうである。おそらく、「桐野だ、人斬り半次郎が攻めて来た」とでも叫んだのであろう。続いて、陣地にいた兵士達は、誰一人として発砲することもなく剣を構えて立ち向かうこともなく、一目散にどこかに消え去ったそうである。桐野はしばらくそこで待っていたが、政府軍の兵士達は戻ってこなかったという。その結果、桐野は「名誉の戦死という形の自殺」は叶わなかった。その時に桐野は、「死というのは自分の自由にならない。きっと別の定まった場所で定まった時に死ぬのだろう。」と悟ったという。その後、気を取り直して、西郷を中心に同志達と故郷である鹿児島を目指した。そして、西南戦争最後の日に、桐野は故郷である鹿児島の城山で戦死を遂げる。

はたして、運命はあるのか。人間は勿論、海や山や川、動物や植物や鉱物など、この世にあるものは全て、因果律により存在している。原因があって、それに条件(縁)が加わって、結果となってあらわれる。現れた結果が、さらに次の原因となって(報となって)展開していく。この世は全て、因縁果報(因果律)により存在している。そのため、「運命というものはなく、因果律による必然の経過しかなく、因果律による必然の結果しかない。」と主張する有識者も多い。しかしそうではなく、逆に全ては因果律により偶然ではなく必然であるからこそ、そのことを「運命」と称しているのである。もし、原因(言動)を変えたり、条件(縁)を変えたりすれば、あらわれる結果も因果律により必ず変わることになる。

このことを「運命を変える」と称しているのである。

さらに、運命を二つに大別している。

「宿業」と「運命」である。

「宿業」とは、人間の力では決して変えることが不可能なものを言う。例えば、死ぬこと、老いることなどである。これらは、全ての人が避けることができない定められた「業(ごう)」であるので「宿業」という。次に「運命」とは、変えることが不可能ではないものを言う。

「運命」の運という字は、「運ぶ」と字であり、移す、移動する、つまり変えられるという意味である。努力しだいでは変えることが可能であるものを「運命」という。

「運命」を、さらに運命と宿命に分ける場合もある。ここでの運命は完全に克服することができるものを言い、宿命は完全な克服はできないが、ある程度、これを変えたり、避けたりすることはできるものを言う。

とにかく、努力しだいでは変えることが可能であるものを「運命」という。

一―三　運命の成り立ちと運命が変わるメカニズム

人は誰でも、今の自分の生活（環境や経済状況など）に特に問題や不満がない場合は、今の生活がこのまま続くとつい思いがちになる。ところが、それは錯覚であり、いつ何時その生活が破綻するとも限らない。

逆に、今の生活が苦しい状況にあったとしても、いつまでもこのまま続くことはない。しかし、今の生活が苦しいほど、そしてそこから脱する方法が簡単には見つからない場合ほど、「今苦しい状況にあるのは運命だから仕方がないんだ」と自分に言い聞かせ、自分を慰めてしまいがちになる。

そういう〝言い聞かせ〟自体は苦しい状況を耐え忍ぶためには必要なことであるが、それが高じてしまうと、「運命だから受け入れるしかないんだ」と、その状況の打開、その状況からの脱出をあきらめてしまう危険性もある。

また、霊能者と言われている人達は、次のような内容の話をすることが多い。

「あなたが不都合と感じる出来事に遭ったり苦しい状況に陥るのは、あなたにとって必要な学びだからです。人生には、誰でも必要なことしか起きないのです。だから、今苦しい状況にあっても堂々と生きていけばいいのです。」このことは、確かにそうである。確かにそうであるのだが、霊能者と言われている人達の真意を理解することなく、人によって様々な受け取り方をしてしまい易い。ある人は、その話によって慰め勇気づけられて、素直にそして謙虚になって、少しでも世のため人のためになる行動に改めていくだろう。別の人は、その話によって慰め勇気づけられるが、しかし行動を改めることなく、それまでの自分を貫き通していくだろう。霊能者と言われている人達の真意は、過去の行為(前世も含めて)の結果である今の自分(心、魂)の浄化・向上を勧めることにあると思われる。

浄化・向上するまでは、過去の行為(前世も含めて)の影響(報い)に応じた出来事に遭うが、それは浄化・向上を促すための必要な学びだと思って、自分の改めるべき所は改めて、その上でしっかりと生きていけばいいと励ましているのである。

話を元に戻すが、どんな苦しい八方塞がりの状況にあったとしても、「運命だから仕方がないんだ」と諦めてしまうことはない。自分の努力しだいでは、どのようにでも改善できるのである。それは、因果律(因縁果報)により変化(改善)していく。

繰り返しになるが、運命とは、人の意志をこえてやってくる身の上に起こる出来事、幸福、不幸を言う。人それぞれの健康状態となって現れ、家庭・学業・仕事・人間関係など環境となって現れる。

人間は勿論、海や山や川、動物や植物や鉱物など、この世にあるものは全て、因果律により存在している。全て原因があって、それに条件(縁)が加わって、結果となってあらわれる。現れた結果が、さらに次の原因となって(報となって)展開していく。この世は全て、因縁果報(因果律)により存在している。全ては、因果律により偶然ではなく必然であるからこそ、そのことを運命と称している。

仏陀は、健康・仕事・生活上の悩みや苦しみを始めとして、人間関係を含めた全ての苦しみや不幸は、心の中にある煩悩(我)によってもたらされると説いている。煩悩(我)とは、電子計算機(コンピューター)で例えると、内蔵されているプログラムの一部に相当する。

煩悩とは、人間一人一人の心(意識)に内臓されているプログラムのうち、怒り・憎しみ・怨み・羨望・恐れ・妄想・偏見・自己限定など自己中心の心の働きを作動させるプログラムである。

例えば、同じ場面・状況に遭遇しても、Aさんは怒りや憎しみの感情が湧くが、Bさんは感謝の感情が湧くというように、心(意識)に内臓されているプログラムに従って異なる感情が湧き、異なる行動を起こす。Cさんは肯定的(プラス)に受け取り希望を持って積極的に行動するが、Dさんは否定的(マイナス)に受け取り希望を失って行動を中止するなど、心(意識)に内臓されているプログラムに従って異なる判断をし、異なる選択をする。

そして、人それぞれの煩悩(我)次第で、因縁果報(因果律)により苦しみや不幸が多く生じたり、逆に楽しみや幸福が多く生じたりする。

すなわち、運命とは人の意志をこえてやってくる身の上に起こる出来事、幸福、不幸を言うが、それは人間一人一人の心(意識)に内臓されている煩悩(我)によって具現化されるのである。

もし、心(意識)に内臓されている煩悩(我)を減少することができたり、減少できなくても実際の生活の場において言葉や行動となって現れる煩悩(我)を抑えることができるならば、それに応じて不幸な出来事が減ることになる。さらに、人を助けたり人のためになる事を行なっていくと、幸福な出来事が生じることになる。

逆に、自分の利益や欲望を満たすために煩悩(我)のままに行動して、人に損害を与えたり人を困らせたり、又は人が困っているのを無視したり喜んだりするなど、人を傷つける事を行なっていくと、そのうち不幸な出来事が生じることになる。

すなわち、実際の生活の場において、言葉や行動をそれまでの自分の言動パターンとは別の〝世のため人のためになるパターン〟に変えることで、それも一時的に変えるのではなく、ずっと変え続けることで、因果律により運命が幸福な方向へと変わっていくことになる。

これらのことは、この世の法則とか原理のようなものであり、自分の生活(環境や経済状況など)がどういう状況であろうとも、そして自分に才能や力や知識があろうとなかろうとも全く関係なく、全ての人に平等に作用し展開し確固たる現実となって現れてくる。

そしてこれこそが、過去の行為(前世も含めて)の結果である今の自分(心、魂)の浄化・向上を達成することができる具体的な方法であり、そして唯一つの方法なのである。

一―四　運命を変えた実例はあるのか?

科学においては、運命などその存在を明白に証明できないものは迷信とみなす傾向にある。しかし、科学が進歩している現代においても、人知の及ばない運命というものの存在を信じている人は多い。自分の人生を振り返ってみて、人生の節目・節目に意志をこえてやってくる身の上に起こる出来事を思い出して強く信じている人、ただ漠然と信じている人など、信じる度合いは人それぞれ差があっても、運命は迷信ではなく実際にあると思っている人はじつに多い。

余談ではあるが、「人は誰でも、自分自身や家族にとって良くない事や困る事が起きると、自分が行なった行為の中に、その原因(の可能性)を思い浮かべる」という。その原因というのは、他の人に行なった〝嫌がらせや嘘・偽りや約束違反〟などの〝悪行為〟と言われている行為がそうであるという。言葉を換えると、悪行為は運命を悪くする(良くない事や困る事が起きる)ことを認識していることでもあり、運命は迷信ではなく実際にあると思っていることでもある。

また、他の人に嫌がらせや嘘・偽りや約束違反などの悪行為を行なうと何かしら不安や後ろめたい気持になることは良心がそうさせるのだが、そればかりではなく悪行為は運命を悪くすることへの心の動揺であるとも言われている。例えば、無性に腹立たしくなり、ちょっとした事で怒りを覚えた相手や普段から気に食わない相手に対し、怒りにまかせて悪意を持って嫌がらせなどをした場合、その後で何かしら不安になることがあるが、その不安になることがそうであると言われている。その不安というのは、嫌がらせや嘘・偽りや約束違反などの悪行為と言われている行為をしてしまうと、悪いことをしてしまったという後悔とか何かしら落ち着かない気持になることがそうであるが、将来きっとその報いを必ず自分が受けることになるという不安であるとも言われている。確かに、悪行為を行なうと、数週間後とか数か月後とか、ある一定の時間を置いて、自分自身や家族にとって困ることが起きる場合が多い。

運の良い人は、すぐに困ることが起きるので、自分の悪行為や非(道理に反すること)を身をもって知ることになる。そして、運命は迷信ではなく実際にあると思っている人が多いという。そのために、運の良い人は悪行為や非(道理に反すること)を行なわないように努めるし、もし行なったとしてもすぐに相手に謝罪する。その結果、困ることが起きにくくなるし、困ることが起きても程度が軽くてすむという。

運の悪い人やこれから運が悪くなる人は、すぐには困ることが起きないために、自分の悪行為や非(道理に反すること)を身をもって思い知ることが遅れるし、起きても思い知ることさえできない人が多いという。そして、運命は迷信であると思っている人が多いという。その結果、そのうちに取り返しのつかないことが起きることになると言われている。

少し脱線したので、話を元に戻したい。書店には運命に関する多くの本があり、多くの人がそれらを購入して読んでいる。毎年発売される「今年の運勢・運命」の本を始めとして、九星術や西洋占星術の本、手相や血液型による運勢・運命本など、実に多くの占術や運命学の本がある。

それらの運命学の本は、予見の正確さの根拠として、過去に人の運命・運勢を予見し、その通りになったという多くの実例をあげている。しかし、予見した運命をこのように改変したという実例は運命学にはない。それは、運命学の範疇の外に属するものだからである。

人は心と体で出来ている。性格は心の現れであり、体質は体の現れである。

心理学者によると、「性格は変えることができない」「性格は改善することができない」とのことである。改善できたとしたら、それは性格ではなく、演技とのことである。生理学者によると、「体質は変えることができない」「体質は改善することができない」とのことである。改善できたとしたら、それは体質ではなかったとのことである。

はたして運命は、どうであろうか。運命は本当に変えることができるのか、改善することができるのか。改善できたと思っても、改善できたこと自体が運命であったという疑問が湧いてくる。

運命を改善することができたと実証されるためには、三つの条件が必要となる。

第一の条件が、運命を改善するための具体的な方法である。

第二の条件が、運命を変えることができた人の運命が、もし改善されなければ、実際はこういう運命をたどるはずだったのが、運命を改善する方法を行なった結果、このように変わっていったのであるという事実が明白に示されなければならない。

第三の条件が、運命改善の方法を運命を改善するという目的意識のもとに計画的に実践したということである。

以上の厳重な条件をパスした実例がある。袁了凡(えんりょうぼん)という中国の明の時代に生きた人で、自分の体験談を「陰騭録(いんしつろく)」という書物に詳しく書き残している。

中国の明の時代、一五五〇年頃から一六三〇年頃にかけて、袁了凡という人がいた。彼の家は広西(こうせい)あるいは浙江(せっこう)において代々医者を家業にしていた。彼は男五人兄弟の四男坊であり、父を早く失って母の手で育てられ、当時は家は貧乏であったという。最初は役人を志していたが、母親から家業の医者になることをすすめられたために医者を目指して医学を学んでいた。

袁了凡はある時、慈雲寺というお寺で、孔と名のる易占の達人の老人に出会った。そして彼は、孔老人から自分の一生涯の運命(吉凶)を占ってもらったのである。それからの彼の人生は、その占いの予言が全て的中し、その通りになっていったので、彼はすっかり運命論者になってしまった。

のちに役人になって北京に行った時、雲谷禅師という仏教の僧侶に教えを乞い、運命に関する教えと運命を改善する方法を伝授してもらった。

その時から運命論者の生き方を捨てて、自分から運命を改善することを決意し、予言された運命を改善してしまった。その経緯と実践法を、わが子(袁天啓)に詳しく書き残したのが「陰騭録」である。

「陰騭」という言葉は、書経の洪範から引用したもので、陰は冥々(めいめい)の作用、騭はさだめるという文字であり、「人が陰徳を行なえば天は必ずその人に福を与え、逆に悪事をすれば必ず悪い報い(苦しみ)を与える」という中国の敬天思想のことであり、仏教の因果応報にあたる。袁了凡の「陰騭録」は、この陰騭思想(敬天思想)の代表的なものであり、後世に大きな影響を与えている。日本においても、昔から学者など有識者が書物などで紹介している。そして今もなお、多くの有識者が本や雑誌や講演会などで紹介している。

それでは、さらに詳しく「陰騭録」の内容を見てみることにする。

第二章　袁了凡《えんりょうぼん》の「陰騭録《いんしつろく》」

第二章　袁了凡の「陰騭録」

二―一　立命の学

袁了凡（えんりょうぼん）は、自らの運命をすっかりつくり変えた体験を「陰騭録」の中で詳しく語っている。

私は幼い頃に父を亡くし、その後官吏になることを目指して勉強に励んでいた。ところが、母から官吏になる勉強はやめて医者になる勉強をするように言われた。これは、父の考えでもあったとのことである。それで、私は医者になることを目指して医術を勉強することにした。

その後、私は慈雲寺で一人の老人に出会った。その老人はりっぱな容貌で長いひげを生やし、飄然としてあたかも仙人のようだったので、私は尊敬の念をもって挨拶をした。すると老人は私に、「あなたは将来、官吏になる人である。来年は登用試験に合格するはずなのに、どうしてその勉強をしないのか」と言うので、母から言われたことなどのわけを話した。

（注釈1）　今は廃れてしまった感があるが、ごく近年までは、寺院は学校と集会所と情報収集の役目も担う地域のかけがえのない公共の場所であった。また、今の図書館のような存在でもあった。

日本でも昭和三十年代頃(一九六四年頃)までは、特に地方に行けば行くほど、「分からないことがあったら、お坊さんに聞くと何でも知っている」と言われていた。お坊さんはあたかも、学校の先生でもあり、悩み事の相談相手でもあり、最新情報も知っている地域のよろず相談の先生のような尊敬される存在であった。

昔になればなるほど、庶民が住む民家は、家の造りが粗末で部屋数も少なく部屋の広さも狭かった。

それに対して、寺院は造りが頑丈で本堂とか僧坊とか部屋数も多く、しかも部屋の広さも広く、住職や修行僧など住んでいる人達も多かった。

また、今と違って町や村の人口は少なく規模は小さかったので、旅籠屋(旅館)などの宿泊施設は少なかった。

そのため、寺院は旅館(宿泊施設)の役目も担っており、各地からの旅人や行商人達によって、特産品や薬などの珍しい品々、各地の情報、最新の技術や学問に関する情報、古典や珍重な書物など、それらの入手や閲覧ができる場所でもあった。

さらに、軍隊とか身分の高い人達の旅の一行は、造りが頑丈な寺院を軍事拠点とか宿泊所にすることが多く、そのため政治や軍事に関する情報も入手し易い場所でもあった。

袁了凡が生きていた一五五〇年から一六三〇年頃の明の時代の中国でも状況は同じであり、彼は医術を勉強するために、今の学校や図書館のような存在であった慈雲寺に、暇を見つけては通っていたのであろう。

わけを話したところ、老人は、

「私は姓を孔といい、雲南の者で、易占の名人である邵康節(しょうこうせつ)先生の易学の秘伝を受けている。これをあなたに伝えるために、万里も遠い所からはるばる訪ねてきたのだが、どこか泊まる所はないか」と、言ってきた。

そこで私は、老人にわが家に泊まってもらおうと家に連れて帰り、母にそのいきさつを話した。母は、わが家に孔老人が泊まることを快く許してくれた。孔老人を接待して、試しに過去の色々なことを孔老人に占ってもらったところ、全て的中した。そこで、孔老人に私のこれからの人生における出来事や吉凶を占ってもらった。私は、占ってもらった予言(出来事や吉凶)を慎んで書きとめた。官吏になるための登用試験を受けるための予備試験では、県の試験の順位は十四番で、府の試験の順位は七十一番で、道の試験の順位は九番で合格するとのことであった。私は孔老人の占いを信じるようになり、ついに登用試験を受ける勉強をするようになった。

そして明年、予備試験を受けた。すると、県も府も道も三か所とも全て、孔老人の占いの通りの順位で合格した。

また、孔老人の易占による私の登用試験以降の人生は、次のように占断された。

「ある年には何番目で試験に合格し、ある年には官から俸給を受けるようになる。ある年には貢生になり、その後、ある年には四川省の中のある地方の長官になる。

（注釈2）　貢生（こうせい）とは、明と清の時代に、各地にいる秀才を朝廷が選抜して国子監という国立の最高学府で学ぶことを許された特に優秀な者をいう。

そして在任三年半で休暇をもらって帰郷する。そうこうしたのち、五十三才の八月十四日の丑の刻（午前二時頃）に一生を終えるであろう。残念ながら子供はできない。」とのことであった。

それから以降、試験を受けるたびに、受験した年と月そして合格順位を孔老人の占いの予言と照らし合わせた。すると、全て孔老人の占いの予言の通りであり、少しも外れることはなかった。こういうことが続き、ついに私は定まった運命があることを信じるようになり、心中淡々として全て運命に任せるようになり、自分からは何も求めないようになった。

二―二　雲谷禅師に教えを乞う

孔老人の占いの予言通りに貢生になり、北京に一年住んだ。それから一時帰郷して、南京の大学(国子監)に遊学することになった。大学に入学する前に、棲霞山(せいかざん)の雲谷禅師という仏教の僧侶に教えを乞いに訪ねた。そうして一室に通され、三昼夜も眠らずに雲谷禅師と対座した。

(注釈3)　そうすることで、雲谷禅師は袁了凡の人間としての器量を観察したのであろう。

さすがの雲谷禅師も驚いたとみえて、袁了凡に問うて言うのには、

「人が聖人になることができないのは、心に邪念が生じて惑わされるからである。ところが、あなたは三日間も座ったままであったが、一つも邪念が見られなかった。どうしてなのか、その訳を知りたい。」

私はそれに答えて、

「私は易占の名人である孔老人に、人生における出来事や吉凶を占ってもらったところ、ことごとく皆的中したので、それからというものは、人間の栄辱も死生も全てが運命として定まっているものだと信じるようになった。そして自分の運命を知っているので、邪念が起きること

とはありません」

　すると雲谷禅師は笑いながら、

「わしはあなたを期待すべき優れた人物ではないかと思ったが、何とただの凡人であったか」

と言われたので、私は禅師にその理由をたずねた。すると禅師は、

「凡人は心を無にできないために、因果の理法の働きによって心は束縛されてしまう。そのため、どうしても運命に支配されてしまうのである。しかし、積善の人は別で、運命には支配されない。積善に応じて運命は改善していく。極悪の人も、業に引きずり回されて運命が定まらない。積不善に応じて運命が悪化していく。あなたは、二十年もの間、孔老人に占ってもらった通りの人生を歩んできたというのは、全くもって凡人そのものではないか」

と言われた。それで私はさらに質問した。

「じゃ、運命から逃れることは出来るのですか」

　すると雲谷禅師は次のように答えられた。

「儒教の聖典とも言える詩経や書経の中に、〝運命は自ら造り、幸福は自ら求めるものである〟というりっぱな教えが説かれている。さらに、わしが信仰し修行している仏教の経典の中にも、〝功名でも、富貴でも、男の子でも、女の子でも、長寿でも、それらを求めれば、それらを得ることができる〟と説かれている。」

　私は膝を乗り出すようにして、次のように問い返した。

「孟子は〝求めれば得られるが、それは自分にあるものを求めるからである〟と言っている。

道徳仁義は心の内にあるものだから努力することによって求めることができると思うが、功名富貴は本来天にあるもので、人の心の内にあるものではないから努力しても求めることができないのではないでしょうか」

私の質問に対して、雲谷禅師は次のように答えられた。

「あなたは、孟子の真意を誤解している。仏教の六祖大師慧能もこのように言っておられる。〝一切の福田(全ての幸福が生じる田畑)は、心というものを離れない(心の中にある)〟と。すなわち、自分の内(心の中にある本来具わっている道徳仁義)を求めたならば、道徳仁義を得るだけでなく、自分の外(自分以外にある功名富貴)も共に得られるのである。ところが、自分の内(道徳仁義)を求めずにわが身を反省することなく功名富貴(自分の外)だけを求めていると、自分の思わくとは違って内(道徳仁義)も外(功名富貴)も共に失ってしまう。これが、孟子の言葉の真意である。」

さらに続けて、雲谷禅師は孔老人が占った私の一生を質問してきたので、私が科挙の試験には合格しないこと、子供ができないことなど、全ての占ってもらった結果を話した。

(注釈4) 科挙とは、中国で五九八年～一九〇五年、隋から清の時代まで約一三〇〇年間行われた官僚登用試験、ここではその中の高級官僚登用試験のことで、それまでの高級官僚は貴族しかなれなかったが、科挙により身分には関係なく有能な人材を求めた。

すると、雲谷禅師は私に次のような質問をしてきた。

「孔老人から占ってもらった結果は脇に置いて、あなた自身は本当に科挙の試験に合格できると思うのかできないと思うのか、子供ができると思うのかできないと思うのか、心底どう思っているのか」

私は、これまでのことをしばらく考えてみて、次のように答えた。

「孔老人の占いの通り、私はきっと科挙の試験には合格できないし、子供もできないでしょう。科挙の試験に合格できない理由は、試験に合格する人は福相があるが、私にはそれがない。例えば、
①・私には善の心が少なく、また怠け者であるために、功徳を積み善行を積み重ねて幸福の基をつくることはできない。
②・世間の煩わしさには堪えられず、度量が狭くて、人を受け容れる寛容さがない。
③・自分の才能智恵で他人をおさえることがあるし、感情をすぐに言動にあらわす直情径行なところがある。
④・口も軽いし、いい加減な話もする。
など、これらは全て福相とは真逆の薄徳少福の相である。

子供ができない理由は、

①．土地のけがれている所は、それだけ地味が肥えているので色々な物を産出するが、水のあまりにも清い所には魚はすまない。私は潔癖症なので、これが子供ができない理由の一つである。
②．春のような和らいだ気は万物を育てるが、私はよく怒る性格で和らいだ気がない。
③．慈愛は物を発生させ成長させる根本であるが、残忍さは逆に物を発生させず成長させない根本である。
私は慈愛よりも自分の名誉や損得を第一に考えるので、自分を犠牲にしてまで人を救うことはないし、人を救うことはできない。
そのほか、私には多くの欠点や過去のあやまちがあります。」

（注釈5） 雲谷禅師の質問に対する袁了凡のこの返答は、「陰騭録」のテーマである「運命を変える」ための重要なポイントの一つである。後で詳しく説明したい。

そうして私の返答を聞いた雲谷禅師は、なんと私に運命に関する教えと運命を改善する秘法を伝授して下さった。私は雲谷禅師の運命に関する教えはまことに真理であると納得できたので、運命を改善する秘法も真実であると信じることができ、その秘法の実践すなわち運命改善法の実践を開始したのである。

（運命に関する教え）

①・科学の試験に合格するかどうか、子供ができるかどうか、すべてはその人に徳があるかどうかによって決まる。

②・あなたは、今やすでに自分の非（性格の欠点や過去のあやまち）を悟った。

③・あなたのこれまでの人生は占いの通りだったが、これからはあなたがこれまで行なってきた言動とは全く別の言動、すなわち、

・人を救うなど、つとめて善徳を積み、

・つとめて人の言を聞き入れる度量を持ち、

・つとめて慈愛を持って和やかに人に接する

などを行なっていけば、今までの運が悪かったことや災難は消えていき、今後は喜びや幸せなことが生じてくる。

④・書経の太甲篇に、〝天が下す災いは避けることができるが、自分がつくった罪科による災難は避けることができない〟とある。

そうであるならば、自分がつくった善行による幸福は必ず得られることになる。

易経に、〝積善の家には必ず余慶あり〟とあるように、善行を積んだ家には必ず子孫に及ぶほどの有り余る慶福があると言っているではないか。

（運命を改善する秘法）

①．仏前に座して、過去に犯してきた様々な罪を真心を尽くして懺悔する。

②．次に、科挙の試験に合格することなど自分の希望が達成できることを願い、善事三千を行なって天地の神々や祖先の徳に報いることを、誓願文一通を作成して真心を尽くして誓う。

③．次に、功過格一冊（雲谷禅師に伝えられた行為に関する善悪の基準書であり、功格すなわち善事の五十条と過格すなわち悪事の五十条を定めている）を基準にして毎日の自分の行為を査定し、自分の行為が善事であれば一冊に書いてあるその数を加え、反対に悪事であれば善事の数から悪事の数を差し引いて、その日一日の合計数を毎日記入する。

そのほかにも、護符を作成することや準提呪（じゅんていじゅ）という仏教の呪文の一つを誦持することにより、運命改善の秘伝をつつがなく実践できることなどを教わった。その上で、効験のある正しい護符の作成はむずかしいので、呪文の誦持をすすめられた。そして、「この秘法を毎日怠ることなく実践することで、必ず運命は改善していく。」という激励を受けた。

（注釈6）　三昼夜も対座した袁了凡もすごいが、その彼を同じく三昼夜も対座して観察し、さらには理路整然と教え諭した雲谷禅師はまさに名僧である。

（注釈7）功過格一冊は、おそらく雲谷禅師が滞在している寺院に代々伝えられてきたものであり、彼はもちろんのこと、その寺院に滞在して修行している僧侶達もこれを実際に活用して修行していたものと思われる。そして、多くの経典とともにインドから伝来したものであろう。功過格一冊の内容は少しは追加・修正されたかもしれないが、ほとんど変わることなく、その寺院が開創された当初から代々の多くの僧侶達は、これを活用して修行していたものと思われる。

現代の日本でも、開創当時の修行(生活)と同じ修行を、数百年経った今でもずっと続けているという禅宗寺院がある。

多くの由緒ある寺院は、どこも同じように開創当時の修行(生活)とほとんど変わらない修行を続けていると思われる。

二―三　秘法を実践し、運命が変わる

こうして、私は運命転換の秘法の実践を開始した。これまでの人生は、ただ呑気に自分のやりたい事をやっていたが、実践を開始してからは、自分の生き方を変えた。

①・常に良心的に考え、何をするにも努力するように心掛けた。
②・人が見ていないひとり居の時でも、自分の行動を慎むようにした。

①と②が自然にできるようになった結果、

③・他人が私を憎んだり非難したりしても、反発するなど心を動かすことはなくなり、平然と受け入れられるようになってきた。

（注釈1）この①〜③も、「陰騭録」のテーマである「運命を変える」ための重要なポイントの一つである。後で詳しく説明したい。


（注釈2）この①〜③を、実践開始一年以内という極めて短かい期間で出来るようになったというのは、まさに驚くべきことである。

日常が厳しい修行である僧侶の方々でさえ、これほどの短期間にこれらができるようになることは非常に難しいと思う。

おそらく、修行僧が長年の修行を経て到達できる境地であろう。

ましてや、普通の一般人が「世間」で生活していくなかで、すなわち多くの煩悩を抱えて煩悩のままに生きているために日常的にしょっちゅう衝突やトラブルを起こしている我々凡人の集まりである「世間」の中で、①～③を実践しようと試みることさえ難しいのに、それを開始わずか一年以内にできるようになったというのは、袁了凡はもともと煩悩(我)がそれほど多くなく、しかも幼少時から道徳を重んじる家庭環境の中で育ったからだろうと思われる。

そして翌年、科挙の本試験の一次試験を受けた。孔老人は占断により成績三番で合格すると予言していたが、なんと成績一番で合格した。孔老人の占断が初めて外れたのである。このことにより、秘伝を実践することで運命転換ができることを強く信じることができ、善事三千の積徳の達成にさらに精を出すようになった。その年の秋に行なわれた本試験では、孔老人は占断により合格しないと予言していたが、なんと合格することができたのである。

しかし、科挙の試験には合格したけれども、まだまだ自分に過ちが多く悔やまれることばかりであった。

例えば、⑴・道を行なうにあたり純粋ではないことがあった。
⑵・正しいことをしようと思っても、勇気に欠けて実行せずに妥協することがあった。
⑶・人の難儀を救っても、運命転換ができるという信念がぐらつくことがあった。
⑷・行動としては良いことをしても、口では不適切でないことを言うことがあった。

⑸・酒を飲むと、我欲な行動に走ったり、投げやりな行動になることがあった。

そのため、せっかく努力して積んだ善事も、それらの過ちを差し引くといくらも残らないことになり、空しく月日が経って、善事三千の積徳を達成するのには十年余りかかった。すなわち、己巳の年(隆慶三年)に誓願を立てて、己卯の年(万暦七年)になってようやく達成することができた。

その翌年、性空・慧空の高徳の両上人に請うて、東塔の禅堂で善事三千の回向をし、天地の神々と国や一族の祖先に供養した。

運命転換の秘法の実践を開始してからは、孔老人の占断は事あるごとに外れるようになっていた。そのために、孔老人の占断では子供は出来ないとあったので、今までは子供は諦めていたが、今度は跡継ぎの息子が授かることを願い、新しく善事三千を行なうことを誓った。お前の母さんは字が書けなかったので、〝善事を一功行なったら〇一つ〟といった具合に記号を暦に書き付けるなどして協力してくれた。

（注釈3）　袁了凡の妻も、心掛けのよい女性だったと思われる。

息子よ、その翌年にお前が生まれたのだ。

二度目の善事三千の積徳は、わずか四年で達成することができた。同じように、高徳の上人を請じて善事三千の回向をし、今度は家の祖先に供養した。

次は、進士の試験(最難関の高級官僚になるための試験)に合格することを願い、新しく善事一万を行なうことを癸未の年(万暦十一年、一五八三年)に誓った。そして、丙戌の年(万暦十四年、一五八六年)にみごと進士の試験に合格し、河北省の一つの県の知事に任ぜられた。地位が昇るにつれて公務が多忙になり、善事一万の積徳を達成することは苦しいことではあったが、知事の権限で米の税率を下げるなどして、何とか達成することができた。そこで今度は、俸給をさいて五台山上で一万人の僧に供養し、これを回向した。

ここに特筆すべきことがある。それは、孔老人の予言では私の寿命は五十三才だったのに、一度も長寿や延命を祈ったことはなかったにもかかわらず、今やそれを十六才も越えて六十九才にまでなった。しかも、働き盛りの壮年の者にも負けぬような健康体を維持している。

書経にあるように、寿命も禍(わざわい)も福もすべて、自分の行ないや心がけの結果である。すなわち、幸福も不幸も、すべて自分が招いた結果なのである。

私は、これを身をもって知った。

息子よ、上は国土の恩に報いることを願い、下は家門の福を増すことを思い、外は他人の困窮を救うことを考え、内には自分の邪悪不正を防ぐことに努めよ。まずは日々自分の過ちを反省し、改めるように努めよ。雲谷禅師が授けて下さった運命転換の秘法を、途中で諦めることなく毎日実行するのである。

（注釈４）袁了凡は、八十三才まで生きたという。当時の平均年齢は五十才以下だったと言われているので、当時としては本当に珍しいほどの長寿であった。

袁了凡の名前は一般的には黄と言い、初めは学海と号していた。あらゆる河川はどこから流れ出ても、結局広々とした海に入るように、自分も大いに勉学して、広々とした学問の海に入ろうと考えたからだという。

しかし、雲谷禅師が教え諭してくれた立命の学を理解して、運命転換の秘法の実践を開始してからは、了凡と改めている。

〝凡を了した〟（凡人がよく陥る失敗をしないという決意）を意味している。

二—四　功過格款(雲谷禅師伝)—行為に関する善悪の基準書

功格五十条（善行為の基準五十条）

原則として、金品を受け取ったり、謝礼を受けて行なったものは除外する。

百功に準ず（百善に相当する行ない）

○一人の死を赦免す。
一人の人間の生命を救い、死をまぬがれしめることである。

○一婦女の節を全うす。
一人の婦女の貞節を全うせしめることである。

○人を勧阻し一子を溺らせ一胎を堕さず。
人の子を溺死させたり、堕胎しようとするのを、諭して思いとどまらせること。

（注釈1）　昔は生活が苦しいために、生まれた子供を産湯に入れる時に溺死させることがよくあった。

五十功に準ず　（五十善に相当する行ない）

○一嗣を延続す。
世嗣ぎの絶えるのを防ぎ、継続するようにしてやること。

○一人の寄るなきを収養す。
一人の身寄りのない者を引き取って養ってやること。

○一人の主なき骸を埋む。
一人の身寄りのない者の亡骸を引き取って埋葬してやること。

○一人の流離を赦免す。
一人の流浪者を助けて生活することができるようにしてやること。

三十功に準ず　（三十善に相当する行ない）

○一人の受戒弟子を度す。
一人の者を出家得度させ僧侶にすること。

○一非為人を勧化し行ないを改めしむ。
一人の無法者を教化して行ないを改めさせ、善につかせること。

○一人の冤(えん)を白にす。
一人の無実の罪で苦しんでいる者を助けて無罪を明白にし、救ってやること。

○一地を施し主なき者の葬に与う。
自分の土地の一部を、無縁者のための墓地に提供すること。

十功に準ず　（十善に相当する行ない）

○一有徳人を薦引す。
一人の有徳者を推薦し、それ相応の仕事・役職につかせること。

○一民害を除く。
一つの住民の害になる事柄を取り除くこと。

○一の衆を救う経法を編纂す。
一冊の社会を救う書物を、著作し編集して世に出す。

（注釈2）ここでの著作し編集して世に出すとは、作品を著作し編集し出版することだけではなく、流通販売したり、人に推薦する行為も含まれる。後の項目の「百銭一功に準ず」でも出てくるので、両方を合わせて考えると、その際の必要経費とか正当な代価を受け取ることは、差し支えないと判断される。ここでの目的は、あくまでも一冊の社会を救う書物を世に出すことにある。

○方術をもって一重病人を活かす。
医学や気功や宗教をもって、一人の重病人を治癒し健康にしてやること。

五功に準ず　（五善に相当する行ない）

○一人の訟を勸息す。

一人の訴訟をしたり争ったりしている者を諭して、思い止まらせること。

○人に一の生命を保益することを伝える。
人に一つの生命を保ち、健康を増進させる方法を伝授すること。

○一の生命を保益する経法を編纂す。
生命を保ち健康を増進させる書物を編纂すること。
ここでも、（注釈2）は該当する。

○方術をもって一軽病人を療す。
医学や気功や宗教をもって、一人の軽度な病人を治癒し健康にしてやること。

○一有力報人の畜命を救う。
人間に役立つ一匹（または一頭、もしくは一羽）の家畜の生命を救うこと。

三功に準ず　（三善に相当する行ない）

○一横を受けて瞋（いか）らず。

一つの不法な仕打ちを受けても怒らないこと。

○一謗に任せて弁ぜず。

一つの誹謗を受けても、受け流して弁解しないこと。

○一の耳に逆らうを受く。

一つの気に入らぬ言葉も甘んじて受けること。

○一のまさに撲責すべき人を饒免す。

一人の打ちこらしめてやりたい者に対して許してやること。

○一の無力報人の畜命を救う。

人間に役立たない一匹(または一頭、もしくは一羽)の畜生の生命を救うこと。

一功に準ず　(一善に相当する行ない)

○一人の善を讃す。

一人の人の善行をほめること。

○一人の悪を掩(おお)う。
一人の人の欠点や悪い所をあばき立てず、逆に庇ってやること。

○人の非為一事を勧止す。
人の非行(よくない行動)に対して、黙って見ぬふりをせずに、勇気を出して忠告し止めさせること。

○一人の争を勧息す。
一人の争いをさとして止めさせること。

○行きて人の病を治する一度。
出かけて行って人の病気を治療すること一度。

○遺字一千を拾得す。
棄てておかれた字一千字を拾いあげること。

現代社会に即して判断すると、例えば学問や伝統技能や製造技術などにおいて、忘れ去られた学説や演目や技術を復活させること、

○一の応に飲餞を饗（う）くべきに遇（あ）いてこれを饗けず。
饗応に招かれることになっても受けないこと一回。
もし、二回の場合は、一功の二倍の二功となる。
もし、五回の場合は、一功の五倍の五功となる。

○一人の飢を済（すく）う。
一人の飢えを救うこと。
もし、二人の飢えを救うと、一功の二倍の二功となる。
もし、五人の飢えを救うと、一功の五倍の五功となる。
（以下、同様に計上すること）
（他の功過格全てにおいても、同じ様に計上すること）

○帰人を留め一宿せしむ。
事情がある帰人（死人）を、一時的に自分の家に留めること。

○善法を講演し、化諭一人に及ぶ。
正しい道を説いて、一人を教化すること。

○興す所の事、利一人に及ぶ。
事業を起こし、その利が一人に及ぶこと。

○人畜の疲頓を接済する一時。
疲労している人畜を世話して回復させること一時。

○一の自ら死する禽畜を埋む。
一匹の自然に死んだ鳥類畜類を埋めてやること。

○一微細湿化の属命を救う。
ごく小さな生物を救うこと。（微細の生物にまで恩の及ぶことを表わす。）

百銭一功に準ず　（合計して百銭となったときに一功とする）

○道路橋渡を修繕す。
道路や橋を修繕する。

○河を疏（とう）し井を掘り衆を済う。

河川を通じ、井戸を掘って民衆を救うこと。

○聖像壇宇、及び供養等の物を修置す。

神社仏閣などの聖像、壇、その他供養の物具などを修繕すること。

○遺を還(か)えす。

人の忘れた品物を返すこと。

○負を饒(じょう)す。

人に貸した金品のその債務を免除してやること。

○人を勧済する文書を施行す。

人を教化し救うための文書(書物)を施行すること。

施行とあるので、書物(本など)の著作者も出版・流通関係者も推薦者も対象

(注釈3) 注釈2で「必要経費とか正当な代価を受け取ることは、差し支えないと判断される。」と説明したが、ここでは、そういった必要経費とか正当な代価を受け取らない場合は、その額が合計して百銭となったときに一功とすることを表しており、前

述の「十功に準ず」の対象でもあるので十功に加算する。
また、推薦者が書物(本など)を無料で配布して世に広めた場合は、無料で配布した書物(本など)の額が合計して百銭となったときに一功とすることを表しており、前述の「十功に準ず」の対象でもあるので十功に加算する。

○効果を作し沈魂に薦む。
功徳を積んで、非業に斃(たお)れて浮かばれない魂に回向すること。

（注釈４）　功徳を積む際、金品や物品を供養した場合に、供養した額が合計して百銭となったときに一善とすることを表している。

○窮を賑わす。
困窮している者に恵んで賑わしてやること。

○倉を建て平糴(へいてき)す。
倉庫を建てて穀物の物価を調節すること。豊作の年に穀物を買い入れ貯蔵し、凶作の年に売り出して物価を調節し安定にすること。

○茶薬衣棺等いっさいのことを施す。
お茶、薬、衣類など日常的に使う品物から棺など日常的ではない品物まで一切の事を施すこと。

過格五十条（悪行為の基準五十条）

ただし、誤って犯したものは全て除外する。

この過格五十条は、前掲した功格五十条（善行為の基準五十条）と相対するものである。

百過に準ず　（百悪に相当する行ない）

○一人の死を致す。
一人の人間を死に至らしめること。

○一婦女の節を失わしむ。
一人の婦女の貞節を失わしめることである。

○人を讃助し一子を溺らせ一胎を堕す。

人をそうするように仕向けたり唆したりして、一子を溺死させたり、人工流産などをさせること。

五十過に準ず（五十悪に相当する行ない）

○一人の胤を絶つ。
一人の世継ぎの胤(たね)を絶えさせること。

○一人の婚を破る。
一人の婚姻の成立を妨害したり、成立した婚姻を破談にさせること。

縁談がまとまりそうになると、その一方に電話や投書をして、ある事ない事様々な悪口をいい送り、破談になるのを喜ぶという変質者の犯罪的なものから、それほどのことはないにせよ、羨ましい気持や妬みやそねみの心や利害関係などから、聞き合わせに悪口を言って婚姻の成立を妨害したり、成立した婚姻を破談にさせること。

現代社会に即して判断すると、ここでいう婚姻は男女間の婚姻ばかりでなく、会社同士の取引行為や大学入学時の不正行為や一つの組織における昇進昇格時のそういう類の行為なども当てはまる。

○一人の骸を放棄す。
一人の死骸を放棄すること。

○一人の流離を致す。
一人の人を流浪者にしてしまうこと。

三十過に準ず　（三十悪に相当する行ない）

○一人の戒行を毀（そぼ）る。
一人の人の戒を破らせること。

ここでいう戒行は、通常の戒行だけでなく、例えば、学校の勉強や何かの学問の勉強、スポーツの練習、禁煙とか禁酒の実行、減量の実行など何か目標を立てて実行している事全てに当てはまる。

そういう実行に対して、冷やかしたり、意地の悪い言動をして妨害することも三十悪に相当する行ないとなる。

○謗（ぼう）を造（な）し一人の行を汚す。
誹謗して人の行為に疵（きず）をつけること。

人が良いことをすると、何かと難くせをつけて疵つけようとすること。

仕事や学問などの業績に対して、何かと難くせをつけて疵つけようとすること。

○陰私を摘発し、行止(こうじ)の事を犯す。
自分の利益のために他人の私事(プライバシー)をあばき、他人を排除しようとしたり、他人の行為を邪魔すること。

十過に準ず　(十悪に相当する行ない)

○一有徳人を排擯(はいひん)す。
一人の有徳な人を排斥すること。

徳や才能がある人を、自分の利害関係や感情上の理由から、誰でも捜せば持っている多少の些細な欠点を言い立てて、せっかくの徳や才能をしりぞけてしまうこと。

○一匪人(ひにん)を薦用す。
一人のよこしまな人を、自分の利害関係や感情上の理由から、推薦したり抜てきしたりして挙げ用いること。

例えば、自分の仲間であるといった理由や、自分の言うことならば卑怯なことであろうとも何でも従うので自分の利益になるといった理由などから、推薦したり抜てきして用いること。

○一の原節(もとせつ)を失う婦を受触(じゅしょく)す。
一人のすでに貞操を失った婦人に触れること。節操のない婦人を近づけることを戒めているわけである。

○一の衆生を殺す具を蓄う。
人や動物などの生き物を殺す目的だけの道具を一つ所持すること。

五過に準ず　(五悪に相当する行ない)

○一経法を毀滅(きめつ)す。
経典、礼法を一つ破壊すること。

○一の化を傷(やぶ)る詞伝を編纂す。
一冊の教化風俗を乱す書物をつくること。

○冤白を得るも白せず。
無実の罪であることを証明することができるのに、そのまま捨てておくこと。触らぬ神にたたりなしなどと考えて、黙って見て見ぬふりをすること。

または、自分の嫌いな人物なので、相手の不幸を願う気持から黙って見て見ぬふりをすること。

または、自分の利益になるといった理由などから、相手を排除する目的で見て見ぬふりをすること。

○一病の救を告ぐるに遇うも救わず。
一人の病人が助けを求めにきても救わないこと。

○一人の訟をそそのかす。
一人の人に訴訟をするようにそそのかすこと。

○一人の諢名謡語(こんめいようご)を造す。
一人の人に、悪意のある〝あだ名〟を付けたり、ゴシップ(人の心を傷つけるうわさ話)を流すこと。

今やスマートフォンなどのSNS(ソーシャル・ネットワーキング・サービス)により、

学校でのイジメ問題となって現れるなど、年々増えている気がする。

○悪口人を犯す。

悪口を言って人の心を傷つけること。

これも今やスマートフォンなどのＳＮＳにより、最悪の場合は学校や会社でのイジメによる自殺となって現れるなど、大きな社会問題となっている。

○道路橋渡を阻截（そせつ）す。

道路や橋や渡しなどを通れないように妨害したり、壊したりすること。

○一有力報人の畜命を殺す。

人間に役立つ一匹の家畜を殺すこと。

三過に準ず　（三悪に相当する行ない）

○一の耳に逆らうを嗔（いか）る。

何か一つの耳に痛い言葉を聞いて怒ること。

例えば、忠告の言葉は不快に聞こえるが、怒ることなくありがたく聞くものである。

忠告とは反対の無法な悪意のある言葉に対しても、怒らずに寛容に受け流すようにしたいものである。

○一の尊卑の次に乖(そむ)く。
年長者は尊重しなければならない。

自分より地位や仕事が下とみるや、年長者であっても小馬鹿にするような態度を平気でする者がいるが、こういう態度は決して行なってはならない。

○酔いて一人を犯す。
酔って一人の者を害すること。
飲酒運転で交通事故を起こすことなども該当する。

○一人のまさに撲責すべからざる人を撲す。
一人の責めるべきでない人を責めること。

○両舌人を離間す。
自分の利害関係や感情上のために、二枚舌を使って人の仲を離間させること。
昔から唾棄すべき悪徳であるとされている。

○一非法服を服す。
一つの正しくない制服を着ること。

身分不相応のことをすること。

○一無力報人の畜命を殺す。
人間に役立たない一匹の畜生を殺すこと。

一過に準ず　（一悪に相当する行ない）

○一人の善を没す。
一人の人間の善行を無にすること。

例えば、一人の人間の功績を、自分の利害関係や感情上のために、故意に隠したり無にしてしまうこと。人の上に立つ者は、部下の功績を、たとえ故意ではなく知らずに無にしてしまっても人の上に立つ資格はない。

よく目にする行為に、部下のアイデアを自分のアイデアのように言う者がいる。

部下は相手が上司なので表立っては非難しないが、陰では〝平気でパクる（盗む）人物である〟と噂されることになる。

〇一人の争をそそのかす。

一人の人に争うことを勧めること。


〇一人の悪を播(は)す。

一人の人の過失を言い広めること。

自分の利害関係や感情上の理由から、よく見かける行為である。

この種の悪行為をよく行なう者は、この種の噂話を聞きたがる傾向にある。

悪質なものに、「他の人から聞いた話だが」と前置きして、自分の悪行をかくすようにしてまでも言い広める者もいる。


〇一人の非為一事を賛助す。

一人の非行一つを助けること。


〇一盗を勧阻(かんそ)せず。

一人の盗みをする者を見ても、諭して止めることをしないこと。


〇問わずして人の一鍼一草を取る。

わずかなものでも人の物は承諾を得ずに使うべきでない。

○一無識を欺誑(さきょう)す。
一人の無智の者を欺きたぶらかすこと。

○一約に負く。
一つの約束にそむき破ること。

○一儀を失う。
一つの礼儀を失うこと。
一回の無礼も、そして無作法も一過にあたるということ。

○一人の憂鷩を見て慰釈(いせき)せず。
一人の心配事のある人をみても慰めないこと。

孟子は「惻隠の心なきは人に非ざるなり」と説き、仏教では四無量心(慈、悲、喜、捨)を説いて、人の不幸に同情し、慈しみ、いたわる心の大切さを示している。

○人畜を役して疲頓(ひとん)を憐れまざること一時。
人や家畜を使役して、その疲労を憐れまないことが一時。

○一微細湿化の属命を殺す。

湿気に生ずる微細な生物一匹の生命を奪うこと。

いかなるものの生命も大切にすることは、運命改善、自己完成を志す者のゆるがせにしてはならぬことである。

百銭一過に準ず　（合計して百銭となったときに一過とする）

○天物を暴殄（ぼうてん）す。

天に生ずるものを無益やたらに消費すること。

例えば、食堂などで全部食べることはとてもできないと明らかに認識しているのに、それでも注文して食べ残すことなど。

○人の成功を毀壊（きかい）す。

他人の成功をねたんで、人の功績とか昇進とかを破壊すること。

これは、【三十過に準ずの謗（ぼう）を造（な）し一人の行を汚す。】や【十過に準ずの一有徳人を排擯（はいひん）す。】と関連しており、そうしなかった場合に得られるはずだった組織全体の利益や、相手が得られるはずだった報酬とかも加算されることを示している。

○衆に背きて利を受く。
公衆(国などの自治体とか会社とか地域の共同体とか)の利益に背いて自分だけが利益を受けること。汚職とか横領などがそうである。

○他銭を侈用(しよう)す。
会社とか役所などの公金を使う場合、倹約せずにほしいままに使用すること。自分の金ではないとばかり乱費すること。会社の電話とかパソコンなどを、私用に使うことなども該当する。

○貸を負う。
借りた金品を返済しないこと。

○遺を匿(かく)す。
人の遺留品を私して返さぬこと。

○公により勢を恃(たの)み乞索(きつさく)す。
官の権力をかりて金品の贈与を要求すること。
会社関係では、親会社と子会社、発注元と仕入先などの関係で、担当者がこういう不正を起こし易い。

〇人銭資具を取る方法いっさいの事を工作す。

人や金品資材を取る方法のすべてのことを謀略によってなすこと。オレオレ詐欺などの詐欺行為が該当する。

以上、この功過格を受持する者は、毎晩その日の功過格の条下に、その日になした功と過を明細に記し、その月の終わりにその功と過とを突き合わせ、差し引きして各月の結果を計算する。そして年末になって、各月の結果を総計すれば、一年の罪福(禍福)がわかるのである。

(注釈5)　雲谷禅師から袁了凡に伝えられ、さらに「陰騭録」によって後世に伝えられたこの功過格表は、日常生活において自分と他の人々との関係で起こる出来事を列挙し、運命に及ぼす影響力の大きさを丁寧にランク付けしている。

戒行は仏教に限らず、どの宗教でも主要な修行法の一つとして、仏陀釈尊以前から今日に至るまで実践されてきている。

おそらく、そんな古い時代から戒行の重要性に焦点を当て、修行者が精力的に戒行を実践するための一つの方法として、功過格表は編み出されてきたものと思われる。

百功、百過、五十功、五十過……などのランク付けは、現代人が見ると、納得できるものと少し疑問を覚えるものとがあるかもしれないが、各時代の修行者達が何世代にもわたって、多くの人々の行為とその後の人生などを観察してきた結果、確かにそうであり妥当であると厳密に吟味し選定してきた結果であると思われる。

第三章　陰騭録に書かれている運命転換法の考察

第三章　陰騭録に書かれている運命転換法の考察

三—一　陰騭録の運命転換法と他の方法との違い

袁了凡（えんりょうぼん）が「陰騭録（いんしつろく）」の中でその経緯と共に詳しく書き残した運命を改善するための実践法を、ここでは取りあえず「陰騭録の運命転換法」と称することにする。

「運命を変える」とか「人生を変える」とかを謳（うた）って、〝願望を達成できる〟とか〝成功できる〟といった内容の本は、これまで洋の東西を問わず多くの国の多くの有識者達によって数多く執筆され出版されてきている。そういった本が主張する方法は、次の二つに集約される。

①．潜在意識を活用する方法

潜在意識を活用することで、「為せば成る」「自分にはできる」といった信念を持つことができる。

そして、「自分にはできる」といった信念を持ってかかれば、仕事であろうと願望であろうと何であろうと大抵の事は成し遂げられると主張している。

具体的には、言葉や動作を繰り返し反復することで、潜在意識にまでそれを植え付ける。自分の目標や望ましい行動パターンなどを常に自分に言い聞かせるなどの自己暗示も、同じくそうである。

例えば、

・「自分は仕事を熱心に楽しくやることができる」といった言葉を、繰り返し自分に語りかけて自分を勇気づける。

さらに、宗教の祈りや儀式などのように、ある定まった流儀・形式のもとに繰り返し反復することで、効果的に潜在意識にまで植え付ける。

例えば、

・〝願望を達成できる〟とか〝幸運が訪れる〟などと主張している真言（マントラ）とか聖なる言葉（聖人が語った言葉など）とか祈りの言葉を、ある定まった流儀・形式のもとに繰り返し反復する。

・ラグビーの五郎丸選手のキック前のルーティン（両手を組み精神統一を図るなど）と同じように、行動する前にある定まった言動を行なう。

②・思考や行動パターンを強く規制して、それまでの自分とは違う自分をつくり出そうとする方法

例えば、
・グチや弱気なことは口にせず、建設的なことを言うように心掛ける。
・些細なこともすぐさま実行するように心掛ける。
・日々の行動計画を立て、それを実行するように心掛ける。
など、

①とか②を実践することで願望がうまく叶ったとしても、これらはいずれも自己の願望を叶えさせ、願望が叶ったことにより、その分だけ運命が変わったにすぎない。

すなわち、自分の運命の路線のうち、願望が叶った一部分だけが変わったということである。例えば、仕事でもスポーツでも趣味でもそうであるし、禁煙とか禁酒といった健康に関することなどでもそうであるが、ある一つの目標(願望)を立て、それに向けて①や②の方法によって見事達成できたとしても、達成できたことに慢心したり、慢心しないまでも満足してしまい、元に戻ってしまうことは世間ではよくみられることである。または、いくつかの願望は達成することができたけれども、そのために払わなければならなかった代償や犠牲のために貴重なものを失って、結局、人生のバランスシートでは同じことであったということはよくあることである。

すなわち、運命の枠内での、上昇下降としか言えないのである。

運命の転換とは、自分の運命の路線が全く変わってしまうことを言うのであって、一部分だけが変わっただけでは転換とは言えない。

この二つの方法は、常に「自己の願望」というものから一歩も離れていない。一から十まで自己というものがあり、自己中心である。運命の転換には、それまでの自分の運命の路線からの離脱がなければならない。

そのためには、自己中心的な欲望・願望から一度離れなければならない。自己中心的な欲望・願望が付いて回っている限り、運命転換は不可能なのである。その理由は、自分が持っている自己中心的な欲望・願望自体が、すでに自分の運命路線の一部なのである。その自己中心的な欲望・願望は、自分の心の奥深くにある我(煩悩)の表象(あらわれ)であり、それが「因」となり、「縁」を求めている相(すがた)が現在の自分である。そして、因―縁―果―報と続いていく軌道が、「運命」という来たるべき人生となる。

自己中心的な欲望・願望から離れるには、次の二つの方法が考えられる。

(1)・自己中心的な欲望・願望からの完全離脱である「自分の存在の消滅すなわち死」

しかし、死は運命の転換というよりも運命の消滅であり、ここでは全くの問題外である。

(2)・もう一つの方法は、「これまでの自己の否定」

「これまでの自己の否定」は、これまでの思考パターンや行動パターンを否定し抹殺することであり、これまでの自己中心的な欲望・願望からの離脱を意味している。その上で、新たなる思考パターンや行動パターンを展開していくのである。新しい思考パターンや行動パターンが、新たな運命の路線を創造するのである。そうして、新しい思考パターンや行動パターンを人生の最期までずっと貫いていくのである。

運命を改善の方向に転換する思考パターンや行動パターンは何かというと、すなわち自己中心的な欲望・願望から離脱できる思考パターンや行動パターンは何かというと、「積徳・積善に勤め、悪行・不善を行なわない」ことである。

まさしく、戒行を実践することに他ならない。

「陰騭録の運命転換法」は、まさに「積徳・積善に勤め」(功格)と「悪行・不善を行なわない」(過格)という思考パターンや行動パターンである。袁了凡の場合は、「陰騭録の運命転換法」を実践し始めた頃は、心の奥深くにある我(煩悩)に左右されて、思うようには積善することはできなかったと述べている。しかし実践を続けるうちに、次第に我(煩悩)は少なくなっていったとみえて、自己というものが少しずつ消され善事をするという純粋な行動に変化していったために、目標の積善を達成できている。

こうしてみると、「陰騭録の運命転換法」は、戒行を誰でも意欲的に効果的に実践することができるように工夫されたものであることが分かる。戒行を実践してきた修行者達によって、いろいろと工夫されてきたものであろう。おそらくインドでは仏陀釈尊以前から、仏教に限らず他の宗教でも、いろいろと工夫されてきたものと思われる。仏陀釈尊ご在世の原始仏教時代には、いろいろと工夫された方法の中に、「陰騭録の運命転換法」に類似した方法がすでに考案されており、その類似した方法で戒行を実践していた修行者もかなりいたと筆者は考えている。

繰り返しになるが、そうした修行者達によって、長い年月をかけて、積徳・積善になる行為の種類とそれが及ぼす影響の大きさ、悪行・不善になる行為の種類とそれが及ぼす影響の大きさなどが整理されてきたのであろう。各時代の修行者達が何世代にもわたって、多くの人々の行為とその後の人生などを観察してきた結果、確かにそうであり妥当であると厳密に吟味し選定してきた結果であると思われる。そのように整理されてきたものの一つが「陰騭録の運命転換法」であり、雲谷禅師から袁了凡に伝えられ、さらに「陰騭録」によって現代にまで伝えられてきたのである。

三―二　戒行と「陰騭録の運命転換法」

戒行と「陰騭録の運命転換法」の関係を、もう少し詳しくみてみる。

戒行とは、修行者の規律である戒律(かいりつ)を守ることである。

戒とは、仏教で言うと、仏教徒(在家信者も僧侶も共に)が守らなければならない自分を律する内面的な道徳規範である。

戒は、原則として犯した場合でも処罰の規定を伴わない。たとえば、五戒の一つである不飲酒戒は、大乗仏教の多くの宗派では〝嗜む程度の少量の飲酒ならば構わない〟という解釈だという。

律とは、僧侶のみに課される戒であり、僧侶が所属する宗派や寺院で定められた規律である。律は、原則として犯した場合は処罰の対象となる。たとえば、五戒の一つである不飲酒戒は、上座部仏教では破門になる宗派もあるという。いずれにせよ戒律ともに、その目的は「積徳・積善に勤め、悪行・不善は行なわない」ことにある。

人は誰でも、「幸せになりたい」とか「お金持ちになりたい」とか「いい服を着たい」など多くの欲望・願望を持っている。欲望・願望を持つこと自体は何ら悪いことではなく、むしろ人生を楽しみ有意義なものにするためには必要であり大切なことである。むしろ欲望・願望があるからこそ、生きる力や生きる希望を失わずに人は生きることができる、人は生活していると言ってもいいくらいである。ただし、欲望・願望を叶えようと行動する際に、他の人の迷惑になったり、他の人を傷つけ苦しめるようなことは決してあってはならない。このことは誰でも分かっていることではあるが、現実には自分の欲望・願望をどうしても優先してしまう結果、自分よりも弱い者や弱い立場の者やよく思わない人をつい傷つけ苦しめてしまう。

なぜ、そうしてしまうのか。それは、自分の心の奥深くに我(煩悩)というものがあるからである。心(意識)に内蔵されている我(煩悩)は、生まれてから現在までの行為、思考、思念が蓄積されて形成されたものだけではなく、前世の行為、思考、思念も蓄積されて形成されていると言われている。

そのため、今この瞬間の心の状態(思い)も、常に客観的に注意して改善しようと努めない限りは、心(意識)に内蔵されている我(煩悩)に影響され我(煩悩)に従って形成されることになる。その結果、我(煩悩)に影響され我(煩悩)に沿った行動となってあらわれる。

例えば、我(煩悩)が強くなればなるほど、「あの人が憎い」とか「あの人を懲らしめたい」とか「あれが欲しくたまらない」とかの我欲(自分の欲望)の思いが、自分の心を占領してしまい易い。そうなると、必ず他の人と衝突するような行動をとってしまうことになる。

すなわち、欲望・願望を叶えようと行動する際に、他の人の迷惑になったり、他の人を傷つけ苦しめることがあるのは、その欲望・願望が自己中心的な欲望・願望だからである。

その自己中心的な欲望・願望は、自分の心の奥深くにある我(煩悩)の表象(あらわれ)であり、それが「因」となり、「縁」を求めて「因―縁―果―報」と続いていく軌道が「運命」である。

禍(わざわい)も福も全て、自分の行動、心がけの結果あらわれるもので、つまり幸福も不幸も全て、自分が招いた結果である。言い方を変えると、幸福や不幸も含めて全ての「運命」という来たるべき人生は、「自分の行動、心がけ」が「因」となってあらわれるのである。その「自分の行動、心がけ」は、自分の心の奥深くにある我(煩悩)に大きく左右される。すなわち、自分が持っている我(煩悩)によって、自分の運命は形成されると言ってもよい。

人の物を盗めば、すぐに泥棒としての運命の道が開くし、人を殺せば即座に殺人犯としての運命が待っている。その反対に、運命をよく変えようと思ったならば、良い事をすればよいのである。良い事をすればするほど、運命はよくなっていくのである。

すなわち、「積徳・積善に勤め、悪行・不善は行なわない」ことによって、運命は改善されるのである。

「積徳・積善に勤め、悪行・不善は行なわない」ことは、我(煩悩)の消滅にもつながるのである。

戒行とは、「積徳・積善に勤め、悪行・不善は行なわない」という戒律を守ることであり、戒行を実践することは、在家信者にとっては幸福(運命の改善)に直結しているし、僧侶にとっては最終的には我(煩悩)の消滅すなわち解脱に直結していることになる。

このように戒行は、単なる行動規範ではないのである。戒行は、古代インドにおいて仏陀釈尊の時代よりも千年以上も前から実践されてきた修行法であると言われており、仏陀釈尊も実践され仏教もこれを主要な修行法として取り入れているところの、我(煩悩)の消滅すなわち解脱に導く「成仏法」の一つなのである。それは、途中で実践を中断したり投げ出したりしないことが不可欠な条件であり、そしてこれが奥義であり秘伝である。

その成仏法である戒行を、いかに精力的に怠ることなく実践していくかが修行者にとっての重要課題であり、そのため古い時代から様々な方法が考案され工夫されてきたものと思われる。

精力的に怠ることなく実践していくための方法としては、次の三つの方法がある。

(1)・実践する人自身（戒行だけに限らず、仕事、スポーツ、勉強、趣味でも全て）が目的意識を持つことである。

・筆者は若い頃から、さほど遠くない近場の山に時々登っていた。退院直後の二〜三年はそれこそ健康回復のトレーニングも兼ねてよく登った。山を登った経験は多くの人があると思うので分かると思うが、山頂が全く見えない七〜八合目までは、それこそ息も上がったりして本当にきつい。それでも「山頂まで登るんだ」という目的があるので、目の前のキツサを払いのけて、休み休みしてでも少しずつでも登り続けていく。そのようにして、息が上がりながらも足を引きずりながらも登り続けていくと、山頂が見える所まで何とかたどり着く。山頂を目にした瞬間、全身にエネルギーが補充されたかのように、「山頂はもうすぐだぞ」というやる気が出るだけではなく、実際に体に力が湧いてきて心も体も軽くなっていた。

・目的意識を持つことで、心身ともに力が湧いてきて、今目の前にある登るのに大変な坂道でも、登り易い道にしてくれるのである。

・それが登るのに大変な坂道でも、解決することが自分には出来るのだろうかと不安を覚える深刻な問題であろうとも、目的を持つことで、このまま指をくわえて待つのではなく今の苦境を脱するために一歩でも踏み出すぞという決心(決意)が、目的を持ったその瞬間から確かなものになる。

・目的意識を持つことで、自分はその方向(目的)に確かに進んでいるという自覚が生まれ、途中にある障害や困難もそれほど苦にならなくなる。すなわち、人生に待ち受けている苦難も乗り越え易くなるのである。

(2)・目的までの道のり(全行程)をいくつかの行程(段階)に分割し、各行程(段階)ごとの到達目標をそれぞれ設定することである。

・途中の各行程(段階)ごとに、それぞれ到達目標を設定することで、目的までの道のり(全行程)がどんなに遠くにあろうとも、各行程(段階)の目標は割と身近に感じることができるので、その分気持が楽になり意欲(やる気)も損なわれなくなる。

・むしろ、一つの行程(段階)の到達目標を達成するたびに、実践する人は自信とさらなる意欲(やる気)を持つようになり、次の行程(段階)目標に到達しようという意欲

（やる気）が増々湧いてくる。

・さらに、自分が道のり（全行程）のどこまで進んでいるのかが、自分でも把握でき易くなる。

・これに割と近いものとしては、武道の段位制や宗教の階位制がある。柔道・剣道・空手などの段位制を例に挙げると、

……二級、一級、初段、二段、三段……

自分の実力に応じた段位が授与される。

⑶・実践した行為の良し悪し（種類）とその大きさ（影響度）が誰でもすぐに分かるように、人が日常的に行なうであろう様々な行為を、行為ごとに良し悪し（種類）とその大きさ（影響度）を事前に数値化（点数化）しておく。

・一つ一つの行為を数値化（点数化）することで、数値（点数）によって自分の行為をすなわち自分の現状を把握することができるし、数値（点数）によって各行程（段階）の目標を設定することができる。

・毎日の食料入手のために苦労していた太古時代の名残りなのかもしれないが、人は誰でも貯蓄や収集という本能というか性質を持っている。そのために、数値(点数)を増やしたいという意欲が湧いてきて、戒行を精力的に怠ることなく実践するようになる。

・数値(点数)という面から、自分の行為や自分の現状を客観的にみるようになってくる。

・人は生来、誰でも遊びが好きである。
遊びは楽しく、遊びの最中にはそれに没頭している、夢中になっている。

そんな楽しい遊びは自分からはなかなかやめないし、ましてや人から「やめろ」と言われたところでやめようとはしない。

そのため数値(点数)を増やしたいという意欲は、数値(点数)を増やす行為になり、一種のゲーム(遊び)のような感覚にまで高まってくる。

すなわち、一種のゲーム(遊び)感覚で、意欲的に実践するようになってくるのである。


筆者が思うに、「陰騭録の運命転換法」は、戒行を精力的に怠ることなく実践することができるように、古い時代から様々に工夫されてきたものの一つであり、確かに効果があったので今日まで伝わってきたものと思われる。

三―三　「陰騭録の運命転換法」だけでは、なぜ運命を転換できないのか？

袁了凡が「陰騭録」の中でその経緯と共に詳しく書き残した運命を改善するための実践法「陰騭録の運命転換法」を、「陰騭録」やそれに関する本や資料を読んだ人の中には、実際に実践を試みた人が多くいたことであろう。筆者は実践した人達を数人知っているが、その人達は皆、効果を得ることなく挫折している。

人は誰でも「運命を改善する方法がある」と聞けば、

・本当だろうか？
・どんな方法だろうか？
・誰でも実践できる方法なのだろうか？と、疑問に思うものである。

実は筆者も二十六才頃、退院してすぐに、この方法を数冊の本や雑誌で知った。当時は、入院前の健康と体力を回復すべく、少しでも参考になるものはないかと、片っ端から本や雑誌や漫画にいたるまで何でも読みあさっていた。筆者も当然三つの疑問が湧いたが、いずれも特別な注意事項とか特別な条件はなかったので、退院してから半年ほどしてから試しに実施してみた。結論から言うと、一年半ほど実施したけれども挫折してしまった。

一年間続けた時点で、目に見える程の効果を感じることが出来なかったのでやめるつもりだったのだが、「もう少し続ければ効果が出るかもしれない」と思い直してさらに半年間続けた。しかしそれでも効果を感じることが出来なかったので、結局はやめてしまった。

当時は、何よりも優先して健康回復トレーニングを試行錯誤で行なっていた。退院直後は体調の良し悪しの波が大きく、体調が悪いと再発の不安がそのたびに脳裏をよぎった。特に退院してからの半年間ほどは、仕事中にもしょっちゅう体調が急変して悪くなることがあった。そんな時には、心(精神)の動揺を抑えて体をできるだけ動かさずに呼吸をゆっくりと行なった。そうすることで、幸いにも一〇分ほどで悪化した体調は元に戻った。そうこうするうちに、健康回復トレーニングの効果があらわれてきて、半年後には体調が急変して悪くなることはなくなっていた。筆者が退院後に試行錯誤で行なっていた健康回復トレーニングは、偶然にも仏陀の修行法の一つである「四神足」の初歩のトレーニングであった。

(「四神足」の詳しい内容は、筆者の著書である「四神足瞑想法」を参照)

再発の危険性が高い期間(筆者の場合は半年ほどだった)を無事に過ごしてからは、健康回復トレーニングに加えて「陰騭録の運命転換法」を実施したのである。

病気になる前は、「宗教」とか「運命」とか非科学的なものは全く信じてなく、ましてや「運命を変える、運命が変わる」等については時々耳にしてはいたが、心の中ではせせら笑っていた。しかし病気になって退院してからは、健康回復に少しでも関係がありそうなものは何でも興味を持つようになり、しかもすぐに目につくようになり、そして効果があるかどうか実際に試すようになった。

時を経て、健康回復トレーニングの段階から「四神足」の上級課程の段階へと進むなかで、

・「陰騭録の運命転換法」は四正勤法(の一部)であること
・「陰騭録の運命転換法」だけでは、運命は転換できないこと

などが、次第に分かってきた。

そこで今回、「四正勤法」を執筆するにあたり、あらためて当時を振り返ったり色々と調査を行なったりした。筆者を含めて挫折してしまった人達(ここでは、彼らと呼ぶことにする)の挫折した原因、すなわち「陰騭録の運命転換法」だけでは運命を転換できない原因を、運命を転換することに成功した袁了凡の実践と比較しながら追求してみたい。

(1)・彼らは実施に当たって、「陰騭録」の功過格表に基づいて百功、五十功……、百過、五十過……を採用し、「百銭一功に準ず」、「百銭一過に準ず」の百銭については、実践者の経済状況に応じて、各自それぞれ千円とか一万円とかに決めている。
この点については特に問題はないと思われる。

(2)・彼らは実施に当たって、過去に犯してきた様々な罪を、自分の性格の短所まで踏み込んで振り返ることなく、ただ単に「これからの人生(運命)を良いものに変えたい」という動機のもとに実践を開始している。
この点については大いに問題がある。


袁了凡は、実践を開始する前までに、過去に犯してきた様々な罪に対して、そうした振り返りを行なっている。

「立命の学」の注釈で、「後で詳しく説明したい」と書いている所の〝雲谷禅師の質問に対する袁了凡の返答〟がそうである。

彼は当時、孔老人の占い(予言)通りに歩んできた人生とこれからの予言された人生についても深く考えており、そんな人生を歩まなければならない原因について彼なりの結論を出している。

その彼なりの結論として、自分の悪い性格(煩悩と言ってもよい)や過去のあやまち(悪行・不善)にまで言及している。

彼の人間性を考慮すると、おそらく後悔もしただろうし、反省して改めようと努力もしたと思われる。

「陰騭録の運命転換法」だけでは、なぜ運命を転換できないのか？と書いたが、実は、「陰騭録の運命転換法」を正しく実践すれば、運命を転換できるのである。

実際に、袁了凡が運命を転換しているのである。

ここで書いた意味は、「陰騭録」の功過格表に基づいただけの実践では運命を転換することはできない、という意味なのである。

「立命の学」で述べた、（運命を改善する秘法）の最初の方法であるところの、

①．仏前に座して、過去に犯してきた様々な罪を真心を尽くして懺悔する。

を、まず最初に実践することが必要不可欠な重要ポイントなのである。

この最初の方法①は、雲谷禅師はおそらくもっと詳しく袁了凡には説明したと思われるが、「陰騭録」には簡単にしか記述されていない。

実は①は、仏陀の修行法の「四念処（四念住）」法と呼ばれる方法に関係している。

「四念処（四念住）」法は不可欠な重要ポイントなので、新たに章を設けて詳しく説明したい。

⑶．その日の行為を休憩時間や気付いた時に振り返り、功過格表では何点なのかをチェックすることもあったが、ほとんどは寝る前にその日の行為を振り返り、点数をチェックし

ていた。この点については特に問題はないと思われる。

(4)・その日の行為の振り返りは、こういう行為を行なったという行為の事実や内容の確認だけで終わっており、

・なぜ、そういう行為を行なったのか？
・自分の(性格の)長所や短所と関係があるのか？
・その行為は罪に当たるのか？
・反省は？　今後どうすればいいのか？

など、動機、自分の長所や短所、反省、今後の対応まで含めた振り返りはしていない。この点については大いに問題がある。

(5)・(4)で述べた動機や自分の長所や短所まで含めた振り返りはしていないために、しばらく経つと、早く目標の数値(点数)まで到達したいという気持(意欲)ばかりが強くなってくる。そのために、「積徳・積善に勤め、悪行・不善は行なわない」という本来の目的から離れて、数値(点数)を増やすという一種のゲーム(遊び)感覚になってくる。そうなると、無意識に自分の行為を甘く判定するようになり、良い行為の時は点数を多めに付けて、悪い行為の時はマイナスの点数を少なめに付けるようになる。この点についても大いに問題がある。

(6)・そうなると、悪い行為を行なっても単にマイナスの点数を付けるだけで、反省することはあまりなく、人間性を向上しようという気持(心)もなくなってくる。単なる形だけの実践になってくる。

この点についても大いに問題がある。

(7)・実践した期間は、長い人でも二年余りしかなく、はっきり言えば短期間である。

この点についても大いに問題がある。

「積徳・積善に勤め、悪行・不善は行なわないことで、運命を転換する」という本来の目的からすれば、期間に終りはない。

挫折した原因の結論としては、

彼らは、「陰騭録の運命転換法」は運命を転換する「戒行」すなわち「四正勤法」であり、「戒行」を誰でも実践できるように工夫されたものが「陰騭録の運命転換法」であることを知らなかった。

そのため、「四正勤法」を正しく実践していないので効果はなく挫折した。

それに対して、袁了凡は知ってかしらでか分からないが、「四正勤法」を正しく実践しており、その結果、運命を転換することに成功している。

第四章　四正勤法の基盤となる修行法　―　四念処法《しねんじょほう》

第四章　四正勤法の基盤となる修行法 ― 四念処法

繰り返しになるが、「陰騭録の運命転換法」を正しく実践すれば、運命を転換することはできるのである。

実際に、袁了凡が運命を転換しているのである。しかし、ただ単に「陰騭録」の功過格表に基づいた実践だけでは、運命を転換することはできない。それでは、「陰騭録の運命転換法」を正しく実践するための重要ポイントを、次に述べたい。

重要ポイント（その1）は、「立命の学」で述べた「陰騭録」に記述されている（運命を改善する秘法）の最初の方法である、

①・過去に犯してきた様々な罪を、真心を尽くして懺悔する。

を、まず最初に実践することが重要ポイントである。

過去に犯した罪を懺悔することは、運命を変えたいと望む者にとっては必要不可欠なものである。素直で心優しい人ほど、過去に犯した罪が何かの拍子に記憶としてよみがえり、後悔と

か後ろめたい気持にさせる。そして、後悔とか後ろめたい気持が強い場合には、時には夢に現れることもあるだろう。そういう状態では、毎日の生活(仕事でも勉学でも趣味でも)において、何らかのマイナスの影響を受け易い。運命を変えるどころではないのである。その訳は、罪を犯すと、たとえ心(表層意識)で強く否定したとしても、または心(表層意識)で強く忘れようと思ったとしても、心の中(深層意識)には罪の意識が厳然として居座るからである。

そういう罪の意識を解消するためには、真心を尽くして懺悔し、もし近くに相手がいる場合には相手に謝罪することである。もし近くに相手がいる場合でも、恥ずかしいなどの我(煩悩)により、それがどうしてもできない場合には、罪滅ぼしのために相手に対してそれ相応の積徳・積善を行なうことである。もし近くに相手がいない場合には、罪滅ぼしのために、困窮している人達に対してそれ相応の積徳・積善を行なうことである。まずは最初に、過去に犯してきた様々な罪を真心を尽くして懺悔することである。

重要ポイント(その2)は、「秘伝を実践し、運命が変わる」で述べた、

こうして、私は運命転換の秘法の実践を開始した。
これまでの人生は、ただ呑気に自分のやりたい事をやっていたが、実践を開始してからは、自分の生き方を変えた。

①・常に良心的に考え、何をするにも努力するように心掛けた。

②・人が見ていないひとり居の時でも、自分の行動を慎むようにした。

①と②が自然にできるようになった結果、

③・他人が私を憎んだり非難したりしても、反発するなど心を動かすことはなくなり、平然と受け入れられるようになってきた。

の①〜③も、「陰騭録」のテーマである「運命を変える」ための重要ポイントである。実は、

①〜③は「四念処（四念住）」法と呼ばれる仏陀の修行法の一部なのである。

重要ポイント（その3）は、同じく「秘伝を実践し、運命が変わる」で述べた、

しかし、科挙の試験には合格したけれども、まだまだ自分に過ちが多く悔やまれることばかりであった。

例えば、⑴・道を行なうにあたり純粋ではないことがあった。

⑵・正しいことをしようと思っても、勇気に欠けて実行せずに妥協することがあった。

⑶・人の難儀を救っても、運命転換ができるという信念がぐらつくことがあった。

⑷・行動としては良いことをしても、口では不適切でないことを言うことがあった。

⑸・酒を飲むと、我欲な行動に走ったり、投げやりな行動になることがあった。

の⑴～⑸のように、毎日その日の言動を反省し懺悔することも、「四念処(四念住)」法の一部である。

すなわち、「陰騭録の運命転換法」を正しく実践するための重要ポイントとは、「四念処(四念住)」法と呼ばれる仏陀の修行法も併せて実践することなのである。

それでは次に、「四念処(四念住)」法について説明したい。

「四念処(四念住)」法については、筆者の著書である「四神足瞑想法」にも、どういう修行法なのかといった概要を紹介している。しかし、そこでは具体的な方法については、紙数の都合により割愛せざるをえなかった。今回は前著も一部分引用しながら、そこでは紹介できなかった具体的な方法についても詳しく説明したい。

四―一　四念処法とは？

四念処(四念住)法は、四つの瞑想法から成り立っている「三十七菩提分法」の一つである。非我観とか空観とか言われ、非我や空を覚るための瞑想法と言われている。

さらに四念処(四念住)法は、これだけでも涅槃に至る(解脱する)ことができる修行法(いわゆる一乗道）とされている。

四つの瞑想法とは、身観（身念住・身念処）、受観（受念住・受念処）、心観（心念住・心念処）、法観（法念住・法念処）である。


「念処経」に、次のように説かれている。


……比丘達、ここに有情の浄化、愁悲の超越、苦慮の消滅、理の到達、涅槃の作証の為に、此の一乗あり、即、四念処なり。四とは何ぞや。曰く、ここに比丘、身に於いて身を随感し、熱心にして、注意深く、念持してあり、世間に於ける貪憂を除きてあり。

受に於いて受を随感し、熱心にして、注意深く、念持してあり、世間に於ける貪憂を除きてあり。

心に於いて心を随感し、熱心にして、注意深く、念持してあり、世間に於ける貪憂を除きてあり。

法に於いて法を随感し、熱心にして、注意深く、念持してあり、世間に於ける貪憂を除きてあり。

（是の如きを四念処という）


現代語に訳す前に、「念処経」を始めとした「お経」の成り立ちについて考えてみたい。

「念処経」を始めとした「お経」は、基本的には仏陀(お釈迦様)が弟子や信者に説法した内容を記したものである。

仏陀(お釈迦様)は、相手の教養や理解力(修行段階)に応じて、どんな相手にも理解できるように、分かりやすく例え話を織り込みながら説法された。

おそらく、相手しだいでは、きめ細かく懇切丁寧に話されたことであろう。そうした仏陀(お釈迦様)の説法は、仏陀の入滅直後、五〇〇人の弟子達が集まって弟子達全員で議論してまとめられた。それが「お経」である。

その「お経」は数百年間は口承のみで伝えられたわけだが、その過程で覚え易いように口ずさみ易いように、韻を踏むなどして音調や語句を美しく整える形になったと思われる。

リズムや節回しを付けて、あたかも歌うような形で伝えられたと思われる。極端に言えば、「お経」は歌の形で、数百年とか数千年にわたって伝えられたわけである。

仏陀(お釈迦様)がどんな相手にも理解できるように詳しく話された内容は、意味が伝わる最小限の文章や言葉に簡潔化されていったと考えられる。

その意味を熟知している仏陀の直弟子や初期の弟子が存命中は、それでも全く支障はなかったが、時代を経るにつれて、その意味を熟知している弟子も少なくなって難解になっていったと思われる。

特に、修行法を説法した「お経」は、修行法の名称は列挙されてはいるが、その詳しい内容については あまり記載されていない。

仏陀の直弟子や初期の弟子が存命中は、口承や実地指導で弟子から弟子へと伝えられたと思われるが、時代を経るにつれて、しだいに途切れたり変貌していったものと思われる。

そこでこの「念処経」の内容だが、学問的には字句に沿って厳密に訳さないといけないが、そうすると簡潔な文章のために、かえって内容を詳しく理解することはできない。

ここでは、仏陀がどんな相手にも理解できるように詳しく話された内容であることを念頭に置いて解釈すると、次のようになる。

ここで、「念持」とは、「常に留意すること、常に心に留めること」を言う。

そして、この「念持」すなわち「常に心に留めること」こそ、特に重要なポイントである。いわゆる奥義とも言うべきものである。

「世間」とは、「身体」という意味もあるが、ここでは「普通によく使う世間」の意味である。すなわち、「日常生活における出来事、自分と他の人々との関係で起こる出来事」を言う。

「貪憂」とは、怒り・憎しみ・怨み・羨望・恐れ・妄想・偏見・自己限定などの我(煩悩)を総称して言っている。

「身」とは「身体もしくは自分の行動」を言い、「受」とは「ある出来事に対する自分の感受性」を言い、「心」とは「ある出来事に対する自分の反応、思い」を言い、「法」とは「この世を成り立たせている法則」すなわち「大生命」のことを言う。

（現代語訳）

怒り・憎しみ・怨み・羨望・恐れ・妄想・偏見・自己限定などの我（煩悩）は、他の人々との関係の中で自分自身の心が造り出したものであり、常に自分の心を注意して我（煩悩）に気付き見抜いて、我（煩悩）を消滅するように熱心に努めなければならない。

そこで、我（煩悩）に気付き見抜くためには、常に自分（の心）をあたかも他人を観察するように気をつけて観察することを習慣づけ、日常生活における自分自身の考えや行動が、心の中にある我（煩悩）から出ていないかどうかを見究めていくことが大切である。

そうして、見つけ出した我（煩悩）を、大生命を感じながら大生命の力によって、一つずつ消滅させていく。

という意味である。

怒り・憎しみ・怨み・羨望・恐れ・妄想・偏見・自己限定などの我（煩悩）は、他の人々との関係の中で自分自身の心が造り出したものであり、それに気付き見抜いた時点で、一時的だが現象（感情として表れた我・煩悩のこと）としては消え去ってしまう性質がある。

しかし、怒りの最中には怒りに翻弄され、恐れの最中には恐れに翻弄されて、自分自身を見失っている。そのため、怒りや恐れは心が造り出した我（煩悩）であることに気付かない。

たとえ気づいて自分自身を取り戻し平静に返っても、しばらくすると再び怒りや恐れに翻弄されてしまいがちである。

その理由は、我(煩悩)の本体が心の奥に頑強に居座っているためである。

怒りや恐れなどの我(煩悩)に翻弄されない方法として、多くの知識人により様々な方法が紹介されている。

1．自分自身の過去の苦境を思い出すことで、現状はまだ幸せな状況であることに気づくようになり、怒りや恐れなどの我(煩悩)に翻弄されないようになる方法
例えば、大病を患った経験があれば、その当時の苦しかったことを思い出すことで、「その当時に比べれば現状は大したことではない」と思えるようになり、怒りや恐れなどの我(煩悩)が次第に和らぎ消え去っていく方法など

2．自分自身の過去において他人を傷つけたり悲しませたことを思い出すことで、反省と償いの心が呼び覚まされ、相手を理解する余裕が生まれてきて、怒りや恐れなどの我(煩悩)に翻弄されないようになる方法など

3．国民的な芸人である明石家さんま師匠の、「生きてるだけで、まる儲け」と考えることで、しだいに現状に感謝できるようになり、怒りや恐れなどの我(煩悩)に翻弄されないようになる方法など

これらは、現象として現れた怒りや恐れなどの我(煩悩)に翻弄されないようにするための方法である。

それに対して、四念処(四念住)法は、心の奥に居座っている我(煩悩)の本体そのものを消滅させる方法である。そこで、四念処(四念住)法とは、

①．まず最初に、自分の心の中にある我(煩悩)に気付き見抜く。

我(煩悩)に気付き見抜くためには、日頃から自分(の心)を、あたかも他人を観察するように気をつけて観察することを習慣づけ、日常生活における自分自身の考えや行動が、心の中にある我(煩悩)から出ていないかどうかを見究めていくことが必要である。

何故なら、心が我(煩悩)に占有されている限り、考えや行動は我(煩悩)に左右され、適切な判断や行動をとることが出来ないからである。

すなわち、心の中に我(煩悩)がある限り、智慧は充分には働かない。そのため、誤った判断や行動をとってしまう場合が少なからずある。その結果、自分が傷つき、周りの人達も傷ついてしまうことが多い。そして何よりも、心の中に我(煩悩)がある限り、(輪廻からの)解脱は不可能である。

②．身観(身念住・身念処)「身体、自分の行動は不浄である」と認識して瞑想する。

例えば、日常生活において、他の人々との関係の中で、つい相手を傷つけたり悲しませ

たりする。自分の願望(欲望)を達成する際に、自分はそんなつもりではなかったのに、結果的に他の人々を傷つけたり悲しませたりすることがある。

さらに、他の生物(野菜、果物、魚、牛、豚など)を食することなしには生きていることができないことなどを考えることで、「身体、自分の行動は不浄である」と認識していく。

③・受観(受念住・受念処)「感受作用は苦である」と認識して瞑想する。

例えば、日常生活において相手の言動を誤解し、相手を傷つけたり悲しませたことを思い出すことで、「感受作用は苦である」と認識していく。

④・心観(心念住・心念処)「心は無常である」と認識して瞑想する。

例えば、日常生活での他の人々との関係の中で、心は怒り・憎しみ・怨み・羨望・恐れ・妄想・偏見・自己限定など様々に変化し、そのことで自分が苦しみ相手を傷つけたりすることがある。

このように「心は無常である」と認識していく。

⑤・法観(法念住・法念処)「法は無我であり、この世の法則である」と認識して瞑想する。

例えば、ボールが台の上に置いてあるとする。永久にその状態にあることはない。時間が経つと、ボールは古くなり、ついには壊れてしまう。

またボールを取って投げると、ボールは運動法則通りに放物線を描いて飛んでいく。この世の全ての物や出来事は、厳格な法則通りに生起し、法則通りに変化し消滅する。同じように、心の中にある我（煩悩）も、法則通りに生起し、法則通りに変化し消滅する。

その法に、「我（煩悩）の消滅」の思いを込めて瞑想する。または、瞑想して思いを込める。法とは、「この世を成り立たせている法則、力」すなわち「大生命」のことを表している。

怒りや憎しみ（煩悩）を、ただ消し去ろうと努めるだけでは消すのは難しい。
それは、消し去るのではなく表面に出ないように抑えつけているにすぎない。
心の奥に押し込めているにすぎない。
一時的には抑えることができても、何かの拍子でまた表面に出てくる。
心の奥に居座っている煩悩（怒りや憎しみ）を消し去るためには、
ステップ１．心の状態（思い）を常に客観的に注意して、煩悩（プログラム）を見究める
ステップ２．煩悩（プログラム）をただ抑え込むのではなく、書き換える
四念処（四念住）法を修することは、ここでいうステップ1とステップ2を修することである。

ステップ1が①に相当し、ステップ2が②〜⑤に相当する。

筆者は、企業に入社以来、技術者として過ごしてきた。

筆者が経験してきた幾つかの分野において、改善手法の手順は大きく分けると全く同じである。

例えば、生産トラブルの復旧方法を例に挙げると、大きく分けると二つの手順がある。

1．まず最初に、生産トラブルの原因を調査して、原因を特定するのである。

2．次に、特定した原因を排除する。（その際の破損個所の修理も、原因排除の中に入る。）

おそらく、この世の全ての分野において、改善手法の手順は大きく分けると全く同じであると思われる。

四念処（四念住）法は仏陀の修行法であり、成仏法すなわち解脱を成し遂げる方法である。「解脱を成し遂げる方法」も、「解脱していない状態（迷い苦しむ状態）」から「解脱している状態」へと改善させる方法である。

そのために、解脱を成し遂げるための方法（成仏法）も、同じような手順で構成されている。

1．まず最初に、解脱を妨げる原因となっている我（煩悩）を見究める。

そのために、「四念処（四念住）法」で説かれているように、常に自分の心（言動）に注意するのである。

2．次に、見究めた我(煩悩)を一つずつ解消・消滅する。
その際、我(煩悩)の本体は心の奥(潜在意識)にあるので、潜在意識の扉を開くための技術である瞑想を行なう。(例えば「四神足」で説かれている瞑想)

四念処(四念住)法以外の仏陀の修行法も全て、同じような手順で構成されていると思われる。

1の我(煩悩)を見究める方法は、「四念処(四念住)法」で説かれているように、「常に自分の心(言動)に注意すること」以外には方法はないので、仏陀の修行法全てに共通であると思われる。

2の見究めた我(煩悩)を解消・消滅する方法は、弟子達の能力や性格・気質、修行段階に応じて工夫されたものと思われる。

すなわち、四念処(四念住)法は、四正勤法を含めた仏陀の修行法全ての基盤となる修行法なのである。

四―二　我（煩悩）を見究める方法

次に、ステップ1の「心の状態（思い）を常に客観的に注意して、煩悩を見究める」方法について説明したい。

「心の状態（思い）を常に客観的に注意して、煩悩を見究める」ことができるようになるためには、初心者の段階（初級課程）から上級者の段階（上級課程）までの方法を順番に段階的に訓練して習得する必要がある。

ここでは、その段階的な訓練方法を紹介したい。

四―二―一　第一課程　過去に犯した罪を思い出して懺悔する

（手順1）　座禅（結跏趺坐や半跏趺坐）でも、正座でも、椅子に座ってもいいが、とにかくリラックスして、幼少時から現在までを振り返ってみて、自分が過去に犯した罪を出来るだけ思い出す。

ここで言う罪は、法律上の罪ばかりでなく、相手の心や気持を傷つけた事まで含む広い意味での悪行為を指す。

（手順2）次に、自分が過去に犯した罪を古いものから順番に一つずつピックアップする。そして、その行為を行なった時の自分の感情や性格を思い出す。当時の記憶を、出来るだけイメージ（映像）化して思い出す。

例えば、

① 他人から傷つけられたと勘違いして、怒りがこみ上げてきて、復讐心から他人を傷つける行為を行なった。

② 他人が傷つこうが損害を被ろうがお構いなしに、ただ自分の利益になるという我欲に駆られて、その行為を行なった。

③ 自分の仲間の利益になると思い、仲間からの感謝や称賛を得るために、他人を傷つける行為を行なった。

④ 他人が勉強や仕事や恋愛に成功しそうになると、嫉妬心から手助けを拒否したり、または成功しないように邪魔をした。

⑤ 他人のことは考えずに、ただ自分の欲望を満たすために行動し、その結果他人を傷つけてしまった。

など、

（手順3）次に、自分が過去に犯した罪一つずつに対して、当時の関係者に心の中で謝罪する。もし、今でも当時の関係者と会って話す機会があるのであれば、折を見て、当時の罪を謝罪するとよい。

もし、当時の関係者と会って話す機会があっても、恥ずかしいなどの我(煩悩)により、それがどうしてもできない場合には、関係者に対してそれ相応の積徳・積善を行なうとよい。

もし近くに当時の関係者がいない場合には、罪滅ぼしのために、困窮している人達に対してそれ相応の積徳・積善を行なうとよい。


第一課程は一回だけ行なえばよいというものではなく、まずは一週間ほど毎日一回は行なう。できれば、一か月ほど毎日一回は行なうとよい。

繰り返し行なうことで、幼児時代の記憶も少しずつ甦ってくる。

第二課程、第三課程……と上級課程に進んでからも、時々行なうことが重要である。

四―二―二　第二課程　過去を振り返り、自分の悪い性格や欠点を自覚する

(手順1)　自分が過去に罪を犯した時の、自分の行動や感情や性格を改めて思い出す。当時の記憶を、出来るだけイメージ(映像)化して思い出す。

（手順2）その時の、自分の悪い性格や欠点を出来るだけ思い出す。自分の悪い性格や欠点が、自分の我（煩悩）の一部である。

第一課程と第二課程を実践することで、日頃からはっきりと認識していた自分の悪い性格や欠点はもちろんのこと、自分があまり認識していなかった悪い性格や欠点すなわち自分の我（煩悩）の一部もはっきりと自覚できるようになる。

こういう自分があまり認識していない悪い性格や欠点すなわち我（煩悩）は、誰でも必ず一つや二つだけではなく、かなり多く持っている。そういう自分があまり認識していない悪い性格や欠点すなわち我（煩悩）を、第三課程以降のプログラムを実践することで、全てはっきりと自覚できるようにする。

それは、日常生活における自分自身の考えや行動を、あたかも他人を観察するように気をつけて観察することで、自分がそれまであまり認識していなかった悪い性格や欠点、すなわち我（煩悩）を、はっきりと自覚できるようにする。

四―二―三　第三課程　マインドフルネス（気付きの瞑想）

マインドフルネスもしくはマインドフルネス瞑想は、近年ヨーロッパやアメリカにおいて、誰でも簡単に実践できる〝心身を健全にするトレーニング法もしくは瞑想法〟として広まっており、実際に多くの老若男女の愛好家・実践者がいる。
瞑想は古代から多くの宗教が主要な修行法の一つとして取り入れており、今では日本や欧米を始め世界各地において、心身を健全にする健康法として禅やヨガの道場などで瞑想を学ぶ人が多い。

アップル創業者のスティーブ・ジョブズが瞑想を習慣にしていたことは有名であり、日本や欧米の多くの経営者が瞑想を行なっているという。

マインドフルネスは宗教的な要素を出来るだけ取り除いたものであり、哲学や医療に近い心身を健全にする実践法であるということで、日本でも次第に大都市を中心に広まってきている。誰でも気軽にできて、何よりも効果を実感できるところに人気の要因がある。

マインドフルネスもしくはマインドフルネス瞑想は、仏教の修行法に由来する。マインドフルネス(mindfulness)という用語は、パーリ語のサティ(sati)の翻訳であり、サティ(漢訳では念)は仏教の修行法における重要な要素である。一八八一年にパーリ語学者のトーマス・ウィリアム・リス・デイヴィッズが、八正道におけるサティいわゆる正念(しょうねん)をマインドフルネスと英訳したのが最初である。

マインドフルネスの由来であるサティは、もともと宗教的な要素は少なく、思い(意識)を正しく保つ方法であり、仕事でも勉強でもスポーツでも全てにおいて要求されるものである。世界的IT企業であるグーグルが社内研修にマインドフルネスを取り入れ、五人に一人の社員が実践しているという。

グーグルには様々な宗教を信仰する多国籍の社員が集まっており、そういう環境でマインドフルネスが広まったのは、宗教的な要素が少なく、そして効果を実感できるからである。

サティすなわちマインドフルネスの意味は、「今、この瞬間の体験に意図的に意識を向け、評価をせずに、とらわれのない状態で、ただ観ること」と説明されることが多い。

また、大念処経(念処経)では、サティは仏教の法を思い出すこと・覚えていることを意味し、それによって修行者は諸現象の本質を見ることができると説かれている。

八正道におけるサティ(正念)すなわちマインドフルネスは、同じ三十七道品の四念処、五根、五力、七覚支などにおける念と同じであり、基本修行、基本概念の一つである。そして、仏陀の修行法全ての基盤となる〝四念処法〟の特に重要な要素である。

マインドフルネスは、多くの指導者達によって様々な方法が提案されている。

ここでは、四念処法を念頭に置いた手順を次に示す。

行なう時間は、最初は一日に一回一〇分間ほどの短い時間から始める。

慣れてくるのに応じて、一日に二回、三回と回数を増やし、時間も十五分間、二〇分間と延ばしていく。


（手順1）背もたれがまっすぐな椅子に座るか、もしくは床やクッションの上に脚を組んで座る。

（手順2）次に、体をゆっくりと四、五回ほど前後左右に動かして体の力みを取り除いて、心身ともにリラックスする。


（手順3）次に、目を完全に閉じる。

目を完全に閉じないで、少し開ける（半眼にする）というやり方もあるが、ここでは目を完全に閉じる。

その理由は、目を完全に閉じることで、心の奥（潜在意識）に記録されている様々な思い（記憶や煩悩）を、あえて心の表面（表層意識）に湧き出てくるようにするためである。

そうすることで、手順5を速やかに訓練することが出来る。

（手順４）次に、息が入ったり出たりする呼吸に注意を向ける。

または、腹部の動きに注意を向ける。

この時、呼吸をコントロールしようとせず、自分の自然な呼吸にただ気づいているというつもりで注意を向ける。


（手順５）しばらくすると、気になっている事や過去の記憶などが心に浮かんでくる。

すなわち、心の奥（潜在意識）に記録されている様々な思い（記憶や煩悩）が、心の表面（表層意識）に湧き出てくる。

その場合は、それにとらわれずに、心に浮かぶままにする。

すなわち、自分を外から見るように（または他人を見るように）、心に浮かんでくる記憶などを受け流す。

これがうまく出来るか出来ないかが非常に重要である。

最初はうまく出来なくても、何回でも繰り返すうちに出来るようになる。

そのため、手順１～手順５を何回でも繰り返す。


（手順６）気になっている事や過去の記憶などが心に浮かんできた場合は、少なくとも五～一〇分は、それにとらわれずに心に浮かぶままにする。

その時に心に浮かんできた気になっている事や過去の記憶などが、自分の性格や心の欠点すなわち煩悩を示唆している場合が少なからずある。

（手順7）　次に、気になっている事や過去の記憶などが心に浮かんできたのは、「注意が散漫になっている証拠だ」と自分に言い聞かせ、注意を呼吸や腹部の動きに戻すことで心身をリセットする。

（手順8）　手順7を行なっても心身をリセットすることが困難になった場合は、①～③のいずれかを行なうことで、心身をリセットできる。

①　上半身をゆっくり動かして、その動きに注意を向ける。

②　手や足をゆっくり動かして、その動きに注意を向ける。

③　立ち上がってゆっくりと歩き、歩行の動きに注意を向ける。

そのほかにも、気（のエネルギー）を用いた心身をリセットする方法があるが、ここでは省略する。

以上を、一日に一回以上、二〇分間～三〇分間を無理なくできるようになるまで訓練する。

第三課程のマインドフルネスの効果としては、

①　精神的なストレスが解消されて、気持が晴れやかに爽快になる。

② 交感神経と副交感神経のバランスが整い、心身のストレスが解消されて、よく眠れるようになり、肉体の異常（病気など）が快方へと向かう。
③ 思考が整理され、集中力が高まり、洞察力や直観力や創造力が高まって、仕事や勉強が向上する。
④ 心身のストレスが解消されることで、身体能力が発揮され、スポーツにおける記録などが向上する。

などが挙げられる。
これらの効果は、第一課程から第五課程全てが有することは言うまでもないし、瞑想（座禅も含む）も勿論これらの効果がある。

四―二―四　第四課程　日常生活をしながら気付きの瞑想

ここからは、習得するのが一段とむずかしくなる。
そのためにも、マインドフルネスを充分に訓練し習得している必要がある。

（手順1）第三課程までを習得できたら、日常生活をしながら、自分が行なっている動作（家事とか仕事などの動作）だけに特別に注意を向ける。

これも、行なう時間は一日に一回一〇分間ほどの短い時間から始める。この時、気になっている事や過去の記憶などが心に浮かんできても、それにとらわれずに、心に浮かぶままにする。

実施する日数は、少なくとも週五日、出来れば毎日

（手順２）次に、手順１の時間を、延ばしていく。
①　行なう時間を一回一〇分間、午前と午後に各一回
②　行なう時間を一回二〇分間、午前と午後に各一回
③　行なう時間を一回三〇分間、午前と午後に各一回

（手順３）手順２までを習得できたら、次は週に一日午前中だけ、自分が行なっている動作ではなく、今度は自分の感情（心）の変化に特別に注意を向ける。

この時、気になっている事や過去の記憶などが心に浮かんできても、それにとらわれずに、心に浮かぶままにするのは同じである。

それ以外に、他の人々との関係の中で、言い争いなど嫌なことが現実に起きることで、感情（心）が〝腹が立つ〟とか〝悔しい〟とか〝憎らしい〟とか様々に揺れ動くことがあっても、その感情（心）の変化に気づいて、しかもそれにとらわれずに、心に浮かぶままにする。

残りの六日間は、手順2の③を継続して行なう。

（ここで断わっておくが、手順3になると習得するのが格段に難しくなる。）

（手順4）手順3の「感情（心）の変化に気づいて、しかもそれにとらわれずに、心に浮かぶままにする」ことが、一〜二分以内にできるようにする。

（手順5）手順3の「感情（心）の変化に気づいて、しかもそれにとらわれずに、心に浮かぶままにする」ことが、一〇秒以内にできるようにする。

（手順6）次に、手順5の実施時間を増やしていく。

週に一日午前も午後も、週に二日午前も午後も　………　と増やしていく。

週に三日はできるようになるまで訓練する。

四―二―五　第五課程　一言一句、一挙一動、常に自分の言動や思いに注意する

日常生活では、ごく親しい身内だけの〝家庭という環境〟の中であっても、何らかのもめ事やちょっとした衝突が少なからずある。ましてや、職場や学校など家から一歩でも外に出た

〝赤の他人との環境〟の中では、それこそ頻繁にもめ事や気に食わないことや不本意なことが起こる。そうすると、自分の心に怒り・憎しみ・怨み・羨望・恐れ・妄想・偏見・自己限定などのマイナスの思い（煩悩）が頭をもたげるのである。

人は誰でも、他人の言動には無意識に身構える。ところが、自分の言動や思いには〝全くの無防備〟なのである。その結果、怒りの最中には怒りに翻弄され、恐れの最中には恐れに翻弄されて、自分自身を見失なうことになる。

そのため、怒りや恐れは心が造り出した我（煩悩）であることに気付かない。たとえ気づいて自分自身を取り戻し平静に返っても、しばらくすると再び怒りや恐れに翻弄されてしまうのである。

第五課程では、自分の言動や思いに対しての〝全くの無防備状態〟を解消していく。

（手順1）第四課程の手順6が週に三日できるようになったら、引き続いて第四課程の手順6が週に五日はできるようになるまで訓練する。

（目標は、毎日、常時できるようになることである。）

（手順2）手順1を習得できたら、次は週に一日だけ一日中、日常生活における自分の言動に対して積極的に注意していく。

一言一句、一挙一動、常に自分の言動に注意する。

残りの六日間は、手順1を継続して行なう。

自分の言葉に注意するやり方としては、例えば、相手(複数人でも可)に話す際に、相手だけでなく自分にも話しているイメージをする方法もある。

自分の行動に注意するやり方としては、例えば、自分の行動途中に時々、「今、こういう行動をしている」とつぶやく方法もある。つぶやくことで、自分の行動を第三者的に確認することができる。

(手順3)　次に、手順2の日数を増やしていく。

週に一日、週に二日、週に三日　………　と増やしていく。

週に五日はできるようになるまで訓練する。

(目標は、毎日、常時できるようになることである。)

(手順4)　次に、自分の話し(おしゃべり)の際、「どういう思いで話しているのか?」と、自分自身に問いかける。

・自分が注目を浴びたい為なのか?

・自分の利益の為なのか?

・誰かの評判を上げる為なのか?

・誰かの評判を下げる為なのか？

など、週に五日はできるようになるまで訓練する。

（目標は、毎日、常時できるようになることである。）

■解説―その1

実は、自分の話し（おしゃべり）の際、「どういう思いで話しているのか？」と自分自身に問いかけることは、やってみれば分かるように想像以上にむずかしい。これを出来るようにするための方法をさらに手順を追って説明すると、一つの手順の中に別の手順があるという「多重構造の手順書」となり混乱するので、ここでは簡単な説明にとどめたい。

一つのやり方としては、話し（おしゃべり）の途中に手振り身振りを入れるのである。そして、手振り身振りを入れると、同時に「自分は今どういう思いで話しているのか？」と自分自身に問いかける練習を何回も何回も繰り返すことで、「手振り身振り」を入れると「自分自身への問いかけ」が瞬時に行なわれるという「条件反射」を形成させるのである。

（手順5）　次に、自分の行動の際、「どういう思いで行動しているのか？」と、自分自身に問いかける。

週に五日はできるようになるまで訓練する。

（目標は、毎日、常時できるようになることである。）

これのやり方も、解説―その1と同じように、途中に一定の手振り身振りを入れるのである。


自分の思いや考え（心や意識）に注意することで、それまで自分があまり認識していなかった悪い性格や欠点すなわち我（煩悩）が、はっきりと自覚できるようになる。すなわち、自分の我（煩悩）を見究めることができる。

四―三　見究めた我（煩悩）を解消・消滅する方法

伝統的な方法として、前述の「四―一　四念処法とは？で紹介した①～⑤」の方法がある。

そのほかにも方法がある。

人間誰でも我（煩悩）を持っているが、個人差があるのは言うまでもない。我（煩悩）が強い、弱い、多い、少ないと千差万別である。

そうした煩悩が強い、弱い、多い、少ないという、煩悩のタイプを数種類に層別したタイプごとの方法がある。

これは紙数の都合で割愛するが、まずは伝統的な方法を実践することをお勧めする。

尚、袁了凡は、おそらく我(煩悩)は少なく、しかもそれほど強くない我(煩悩)の持主であったと思われる。

すなわち、精神性の高い、善良な人間として生を享けたと思われる。

それは、彼(袁了凡)が運命転換の秘法を実践開始した当初から、
自分の生き方を①〜③のように変えることができたことからも推測できる。

①・常に良心的に考え、何をするにも努力するように心掛けた。
②・人が見ていないひとり居の時でも、自分の行動を慎むようにした。
③・他人が私を憎んだり非難したりしても、反発するなど心を動かすことはなくなり、平然と受け入れられるようになってきた。

そのために、彼(袁了凡)が四念処法自体は知らなかったとしても、結果的には四念処法を実践することができたのであろう。

第五章　運命を変える四正勤法

第五章　運命を変える四正勤法

本来の四正勤（四正勤法）という戒行は、ただ単に運命を変えるだけではなく、解脱（輪廻を脱した境地、涅槃）へと導く実践方法（成仏法）である。そのため、守り行なうべき項目の数も多いし厳格である。そこで、戒についてもう少し詳しくみてみたい。

五―一　戒とは何か？

戒は、在家・出家を問わず仏教徒が守るべき行動規範であり、戒・定・慧という仏教の三学の一つでもある。その内容の多くは、仏教徒に限らず人間誰でも守るべき行動規範だと言える。その内容は、「積徳・積善に勤め、悪行・不善は行なわない」ということにある。

戒は、犯した場合でも処罰の規定を伴わない。しかし、その中には現在の法律に違反し処罰の規定を伴なっているものもある。スポーツや学問を始めとして何かを習得し向上・改善するためには、自発的に努力する時間が多ければ多いほど多くの効果が得られる。ところが戒はそれらとは異なり、自発的な努力を常時必要とするのである。ここに、戒特有の大きな特徴がある。

お釈迦様と直弟子達の原始仏教の流れをくむ部派仏教では、在家・出家の違いと男女の違いに応じて、五戒・八戒（八斎戒）・十戒・具足戒がある。大乗仏教では、その四つを全て声聞戒と呼び、それとは別に菩薩戒（大乗戒）がある。

「五戒」

仏教の在家信徒（優婆塞・優婆夷）は、以下の五戒が課される。

不殺生戒（ふせっしょうかい）―殺生をしない
不偸盗戒（ふちゅうとうかい）―盗みをしない
不邪婬戒（ふじゃいんかい）―不倫などの道徳に反する性行為をしない
不妄語戒（ふもうごかい）―嘘をつかない
不飲酒戒（ふおんじゅかい）―酒を飲まない

「八戒（八斎戒）」

また、毎月の六斎日には、五戒に代えて、八斎戒が課される。

不殺生戒（ふせっしょうかい）―殺生をしない
不偸盗戒（ふちゅうとうかい）―盗みをしない
不淫戒（ふいんかい）―性行為をしない
不妄語戒（ふもうごかい）―嘘をつかない

不飲酒戒（ふおんじゅかい）―酒を飲まない
不得過日中食戒（ふとくかじつちゅうじきかい）―正午以降は食事をしない
不得歌舞作楽塗身香油戒―歌舞音曲を見たり聞いたりせず、装飾品、化粧・香水など
身を飾るものを使用しない。
不得坐高広大床戒―贅沢な寝具や座具でくつろがない

「十戒」
仏教の見習い僧（沙弥・沙弥尼）には、以下の十戒が課される。

不殺生戒（ふせっしょうかい）―殺生をしない
不偸盗戒（ふちゅうとうかい）―盗みをしない
不淫戒（ふいんかい）―性行為をしない
不妄語戒（ふもうごかい）―嘘をつかない
不飲酒戒（ふおんじゅかい）―酒を飲まない
不塗飾香鬘戒（ふずじきこうまんかい）―身体を飾らない
不歌舞観聴戒（ふかぶかんちょうかい）―歌舞を観聴きしない
不得坐高広大床戒―贅沢な寝具や座具でくつろがない
不非時食戒（ふひじじきかい）―午後から翌朝日の出まで、食事をしない
不蓄金銀宝戒（ふちくこんごんほうかい）―蓄財をしない

その他にも、真言宗を始めいくつかの仏教系の宗教団体では、十善戒（じゅうぜんかい）が重んじられている。十善戒も、仏教における十悪（十不善業道）を否定形にして戒律としたものであり、四国遍路の大衆化により宗派を問わず普及してきている。内容は、三業（身口意）にそれぞれで対応するようになっている。

身業

不殺生戒（ふせっしょうかい）―殺生をしない

不偸盗戒（ふちゅうとうかい）―盗みをしない

不邪婬戒（ふじゃいんかい）―不倫などの道徳に反する性行為をしない

口業

不妄語戒（ふもうごかい）―嘘をつかない

不綺語戒（ふきごかい）―中身の無い言葉を話さない

不悪口戒（ふあっくかい）―乱暴な言葉を使わない

不両舌戒（ふりょうぜつかい）―他人を仲違いさせるようなことを言わない

意業

不慳貪戒（ふけんどんかい）―激しい欲をいだかない

不瞋恚戒（ふしんにかい）―激しい怒りをいだかない。

不邪見戒（ふじゃけんかい）―（因果の道理を無視した）誤った見解を持たない

ところで、我々現代人は「戒」をどういうものとして認識しているのだろうか？おそらく大多数の人は、倫理や道徳とあまり変わらないものとして認識しているのではないだろうか。

たとえば、日頃から十善戒などを唱えている宗教団体の信者の方々でさえも、その大切さは頭の中では理解していても、日常生活では意識からは消え去っており、何事も自分の利益最優先で判断し、選択して、そして行動しているのが実状だと思われる。

それは何故だろうか？

それは、自分に生じる幸福と不幸および幸不幸の成り立ちについては、あまり考えないからだと思われる。言葉を換えると、自分の運命とか運命の成り立ちについては、あまり考えないからである。そのくせ、人は誰でも常に、幸福になりたい、幸福でいたい、不幸になりたくない、不幸はイヤだ、と思っている。

そのため、たとえ日頃から十善戒などを唱えていたとしても、どうしても自分の利益最優先で判断し、選択して、そして行動するのである。

繰り返しになるが、

仏陀が説かれるように、私達の苦しみや不幸は、心の中にある煩悩（我）によって生じる。その結果、煩悩(我)を多く出して人を傷つけ苦しめるほど、因縁果報(因果律)により、その後の人生は苦しみや不幸が多く生じてくるし、逆に煩悩(我)を抑えて人を助けて喜ばれるほど、その後の人生は苦しみや不幸が少なくなり、楽しみや幸福が多くなる。

すなわち、運命とは人の意志をこえてやってくる身の上に起こる出来事、幸福、不幸を言うが、それは人間一人一人の心(意識)に内臓されている煩悩(我)によって具現化されるのである。

もし、心(意識)に内臓されている煩悩(我)を減少することができたり、減少できなくても実際の生活の場において言葉や行動となって現れる煩悩(我)を抑えることができるならば、それに応じて不幸な出来事が減ることになる。さらに、人を助けたり人のためになる事を行なっていくと、幸福な出来事が生じることになる。

逆に、自分の利益や欲望を満たすために煩悩(我)のままに行動して、人に損害を与えたり人を困らせたり、又は人が困っているのを無視したり喜んだりするなど、人を傷つける事を行なっていくと、そのうち不幸な出来事が生じることになる。

すなわち、実際の生活の場において、言葉や行動をそれまでの自分の言動パターンとは別の〝世のため人のためになるパターン〟に変えることで、それも一時的に変えるのではなく、ずっと変え続けることで、因果律により運命が幸福な方向へと変わっていくことになる。これこそが、戒(戒行)なのである。

最終的には、解脱(輪廻を脱した境地、涅槃)へと導く実践方法(成仏法)なのである。

五―二　戒を実際の生活の場において活かす方法

以上述べたように、日頃から十善戒などを唱えている宗教団体の信者の方々もそうであるし、宗教活動とは一線を画している方々もそうであると思われるが、大多数の人々は、戒も含めて倫理・道徳の大切さは一応頭の中では理解していても、実生活の場においては頭の片隅に追いやられて、何事も自分の利益最優先で判断し、選択して、そして行動しているのが実状だと思われる。

それは何故だろうか?

その理由は、先に、自分に生じる幸福と不幸および幸不幸の成り立ち、すなわち自分の運命とか運命の成り立ちについては、あまり考えないからであると述べたが、そればかりではないのである。それ以外の理由が二つある。

それ以外の理由の一つ目は何か?

それは、戒も含めて倫理・道徳を、実生活の場において生かす方法を知らないからである。

すなわち、知識としては戒も含めて倫理・道徳の大切さは知っていても、それを実生活の場において具体的に実践する方法を知らないからである。

お釈迦様や直弟子がご在世の初期仏教時代においては、お釈迦様や直弟子のもとで出家をし僧侶になることで、戒を実生活の場において実践することができた。当時は、守り行なうべき戒も多かったが、集団生活の中で厳格に守り行なう環境にあった。さらに、出家をせずに在家信者のままであっても、お釈迦様や直弟子の指導のもとに、戒を実生活の場において実践することができたという。そのため、解脱まで到達できた在家信者も多くいたと言われている。

現代でも禅宗など一部の寺院においては、出家修行者(僧侶)達が集団生活をしながら厳しい修行を行なっており、戒律を厳格に守り行なう環境にあるという。出家修行という一般社会からは距離を置く生活環境ではあるけれども、そういう所では戒を実生活の場において活かすことができると思われる。

しかし、昔から僧侶でさえも、戒を実生活の場において十分に活かすことはむずかしいと言われている。特に、宗教離れが指摘されている昨今では、信者数や檀家数が減少し、そのために寺院の運営もむずかしくなり、寺院の運営にも多くの時間や労力を割かざるを得ず、一段と戒を実生活の場において十分に活かすことはむずかしくなってきていると思われる。ましてや、普段は宗教とはほとんど関わりのない大多数の我々一般大衆は、戒を実生活の場において活かすという意識さえない。たとえ、少しはそういう意識が浮かんだとしても、実生活の場において生かす方法を知らないために、そういう意識はすぐに頭の片隅に追いやられて、いつものように何事も自分の利益最優先で判断し、選択して、そして行動してしまうことになる。

それ以外の理由の二つ目は何か？

それは、戒を実践する前から、「実践できる訳がない」と白旗を掲げているからである。例えば、数が少ない「五戒」でも完全に守ることができると思っている人はまずいない。一か月とか二か月だけという期間限定ならともかく、将来にわたって死ぬまでずっと守り続けることができると思っている人はまずいない。

ほとんどの人は、「五戒を完全に守ることができる訳がない」と思っている。すなわち、戒を実践する前からギブアップしているのである。かくいう筆者自身も、「最初から五戒を完全に守ることができる人はいない」と思っている。しかし、「戒を守ろうと戒を実践していくうちに、いつの間にか戒を守ることができるようになる方法」を仏陀釈尊は必ず工夫されており、実際に弟子達に指導されていたと考えている。

それでは、「戒を実生活の場において活かす方法」とは何か？

しかも、「戒を守ろうと戒を実践していくうちに、いつの間にか戒を守ることができるようになる方法」とは何か？

それこそが、四正勤なのである。

「陰騭録の運命転換法」を活用した「運命を変える四正勤法」なのである。

筆者は、初期仏教の時代から、「陰騭録の運命転換法」の原型らしきものが工夫されており、特に在家信者に対してはそれを用いて指導されていたと考えている。

さらに、見習い僧など修行段階の高くない僧侶に対しても、「陰騭録の運命転換法」の原型らしきもので指導していたと考えている。

それでは次に、「運命を変える四正勤法」を紹介したい。

五―三　運命を変える四正勤法

五―三―一　第一課程　運命（幸福と不幸）と運命の成り立ちと煩悩（我）を常に意識する

繰り返し述べるが、次に示す「運命（幸福と不幸）と運命の成り立ちと煩悩（我）の関係」を常に意識する。

①・仏陀が説かれるように、私達の苦しみや不幸は、心の中にある煩悩（我）によって生じる。その結果、煩悩（我）を多く出して人を傷つけ苦しめるほど、因縁果報（因果律）により、その後の人生は苦しみや不幸が多く生じてくるし、逆に煩悩（我）を抑えて人を助けて喜ばれるほど、その後の人生は苦しみや不幸が少なくなり、楽しみや幸福が多くなる。すなわち、運命とは人の意志をこえてやってくる身の上に起こる出来事、幸福、不幸を言うが、それは人間一人一人の心（意識）に内臓されている煩悩（我）によって具現化されるのである。

②・書経の太甲篇に、〝天が下す災いは避けることができるが、自分がつくった罪科による災難は避けることができない〟とある。そうであるならば、自分がつくった善行による

幸福は必ず得られることになる。

③・易経に、〝積善の家には必ず余慶あり、積不善の家には必ず余殃（よおう）あり〟とある。自分がつくった善行による慶福（幸福）は必ず得られるだけではなく、余慶とあるように、自分から溢れて子孫に及ぶほどの有り余る慶福（幸福）となって現れる。自分がつくった悪行の影響（報い）も、同じように自分だけでなく子孫にまで及ぶ。

④・この世（物質世界、三次元世界）での行為は、まず自分の心で思い（想念し）、時間を経過（時には瞬時、時には数日、時には数年）して肉体的に行為に及ぶ。ついうっかりした行為や魔が差した行為も、その行為以前に自分の心で想念している。そして、その行為はある時間（時には瞬時、時には数年）を経過して、その行為に応じた結果をもたらす。

自分の行為に応じた結果（報い）はすぐには顕れないために、人は誰でも自分の欲するままについ行動してしまう。例えば、自分の欲望や感情のままに、周囲の眼も気にすることなく、他の人をいじめたり傷つけたりしてしまう。

それとは別に、悪さ（悪行）をしても誰にも気づかれなければ大丈夫だと思い、誰にも気づかれないように巧妙な形で、自分の欲望を叶えようと悪さ（悪行）をしてしまう人もいる。そうであるからこそ、①～④を常に意識するようにしなければならない。

もし①～④を意識するようになれば、欲望や感情のままに行動することは控えるようになる。自分の利益だけではなく、他の人を助けたり、他の人のためになる事も考慮し、判断し、選択し、そして行動するようになる。さらに、優先的に他の人のためになるように考慮し、判断し、選択して行動するようになる。

五―三―二　第二課程　過去に犯した罪（悪行）を思い出して懺悔する

（手順1）　座禅（結跏趺坐や半跏趺坐）でも、正座でも、椅子に座ってもいいが、とにかくリラックスして、幼少時から現在までを振り返ってみて、自分が過去に犯した罪を出来るだけ思い出す。

ここで言う罪は、法律上の罪ばかりでなく、相手の心や気持を傷つけた事まで含む広い意味での悪行為を指す。

（手順2）　次に、自分が過去に犯した罪を古いものから順番に一つずつピックアップする。そして、その行為を行なった時の自分の感情や性格を思い出す。

当時の記憶を、出来るだけイメージ（映像）化して思い出す。

例えば、

① 他人から傷つけられたと勘違いして、怒りがこみ上げてきて、復讐心から他人を傷つける行為を行なった。

② 他人が傷つこうが損害を被ろうがお構いなしに、ただ自分の利益になるという我欲に駆られて、その行為を行なった。

③ 自分の仲間の利益になると思い、仲間からの感謝や称賛を得るために、他人を傷つける行為を行なった。

④ 他人が勉強や仕事や恋愛に成功しそうになると、嫉妬心から手助けを拒否したり、または成功しないように邪魔をした。

⑤ 他人のことは考えずに、ただ自分の欲望を満たすために行動し、その結果他人を傷つけてしまった。

など、

（手順３）

次に、自分が過去に犯した罪一つずつに対して、当時の関係者に心の中で謝罪する。もし、今でも当時の関係者と会って話す機会があるのであれば、折を見て、当時の罪を謝罪するとよい。

もし、当時の関係者と会って話す機会があっても、恥ずかしいなどの我(煩悩)により、それがどうしてもできない場合には、関係者に対してそれ相応の積徳・積善を行なうとよい。

もし近くに当時の関係者がいない場合には、罪滅ぼしのために、困窮している人達に対してそれ相応の積徳・積善を行なうとよい。

第二課程は一回だけ行なえばよいというものではなく、まずは一週間ほど毎日一回は行なう。できれば、一か月ほど毎日一回は行なうとよい。繰り返し行なうことで、幼児時代の記憶も少しずつ甦ってくる。第三課程、第四課程……と上級課程に進んでからも、時々行なうことが重要である。

■解説―その1

悪行(悪行為、罪)について考えてみたい。

(1) 悪行となる言動の事例

・自分の言動により、人を傷つけ苦しめる行為は間違いなく悪行である。
・悪行は、その行為の残虐さによっては法律上の罪にも問われる。
・悪行は、広い意味で相手の心や気持を傷つけた事まで含まれる。
・自分(A)は直接手を下さないで、ほかの人(B)を使って、ある人(C)を傷つけ苦しめる

Ａの行為は、卑劣な行為であり間違いなく悪行である。もしＢがＡから利益誘導を受けていたとしたら、Ｂの行為も勿論悪行である。しかし、ＢがＡからいわゆる洗脳を受けていた場合は、Ｂの悪行は軽減する。

⑵　悪行とはならない思い（想念、思念）の事例

・「姦淫するなかれ」は、ユダヤ教の律法にもある。律法は法律であり、厳しい罰則も付いている。

しかし、イエス・キリストは「みだらな思いで女性を見る者は、すでに心の中で姦淫の罪を犯している」と教えられた。すなわち、実際の行動を伴わない思い（想念）の段階でも悪行としている。この教えをイエス・キリストが説かれたのには、深い理由があってのことだと思われる。実際のところは、妄想などの思い（想念）の段階では悪行ではない。妄想などの思い（想念）の段階を越えて、実際に肉体的な行動になって始めて悪行となる。

・その理由は、

繰り返しになるが、この世での行為は、まず自分の心で思い（想念し）、時間を経過（時には瞬時、時には数日、時には数年）して肉体的に行為に及ぶ。そして、その行為はある時間（時には瞬時、時には数年）を経過して、その行為に応じた結果をもたらすが、心が揺れ動いただけの思い（想念）の段階では思い（想念）に応じた結果はもたらさない。実際に肉体的な行動にならないと、行為に応じた結果をもたらすことはない。

・しかし、性欲は理性を失わせるほど極めて強烈なのである。そのため、姦淫の妄想などのみだらな思い（想念）を行なっていると、そのうち本当に肉体的な行動すなわち姦淫を実際に引き起こしてしまう危険があり、それを防ぐためにイエス・キリストは「みだらな思いで女性を見る者は、すでに心の中で姦淫の罪を犯している」という教えを説かれて、姦淫の罪を未然に防ごうとなさったのであり、悪行の芽を摘み取ろうとなさったのである。

(3) 悪行となる思い（想念、思念）の事例

・思い（想念、思念）そのものが、肉体的な行為と同等の行為になるケースである。

思い（想念）の力で、相手の行動を邪魔したり、仲たがいをさせたり、失敗に導こうと強烈な悪意を持って念じる思い（想念）は、肉体的な行為と同じような影響を及ぼす。こういう卑劣な思い（想念）は、間違いなく悪行である。こういった卑劣な思い（想念）は、昔から呪詛（じゅそ）とか呪い（のろい）と呼ばれ、相手に気づかれないように行なわれてきた。また、大なり小なり誰でも行なったことがあるような、軽い気持で誰かの失敗を願うといった思い（想念）も、厳密には呪いに含まれる。呪いは、相手だけではなく必ず自分にも影響（報い）が及ぶ。むしろ、相手よりも自分の方が影響（報い）は大きい。さらに、自分の家族や身近な者にも影響が及ぶ。人間性が高い人や運がいい人は、卑劣な思い（呪い）を行なうとすぐに報い（影響）を受ける。そのため、卑劣な思い（呪い）の悪徳・悪行

に早く気づいて、こういう卑劣な思い（呪い）は二度と行なわなくなる。

しかし困ったことには、人間性が低い卑劣な人間ほど、卑劣な思い（呪い）を行なってもその報い（影響）を受けるのが遅い。なかなか報い（影響）を受けないのである。そのために、自分の卑劣な思い（呪い）が特殊な能力だと誤解してしまい、報い（影響）を受けるまで何回でも何回でも卑劣な思い（呪い）を行なう。そして、ついには取り返しのつかない報い（影響）を受けることになる。そのため、こういう卑劣な思い（想念）は絶対に行なってはならない。

・思い（想念）の力は、科学的にはまだ実証されてはいない。しかし、昔から呪詛とか呪いと言われて信じられ行なわれてきたことなどを考えると、その存在は信じてよいと思われる。
また、特に子供の時には誰でも、自分の願いが叶うようにと、神仏という見えない存在を素直に信じて、一生懸命に願った（想念した）ことがあると思う。

そういう意味では、人は誰でも思い（想念）の力を信じているのかもしれない。

五―三―三　第三課程　過去を振り返り、自分の悪い性格や欠点を自覚する

（手順1）　自分が過去に罪を犯した時の、自分の行動や感情や性格を改めて思い出す。
当時の記憶を、出来るだけイメージ（映像）化して思い出す。

（手順2）　その時の、自分の悪い性格や欠点を出来るだけ思い出す。
自分の悪い性格や欠点が、自分の我（煩悩）の一部である。

■**解説―その2**

⑴　繰り返しになるが、第二課程と第三課程を実践することで、自分がそれまで何となく認識していた自分の悪い性格や欠点すなわち自分の我（煩悩）の一部を、はっきりと自覚できるようになる。

⑵　さらに、第二課程と第三課程を実践することで、自分が過去に犯した罪（悪行）と同じ行為（悪行）は勿論のこと、それに類する行為も自然に行なわないようになる。

五―三―四　第四課程　マインドフルネス（気付きの瞑想）

(1) マインドフルネスは仏陀の修行法に由来しており、八正道におけるサティ（正念）を英訳したもので、仏陀の修行法の重要な要素である。

(2) サティすなわちマインドフルネスの意味は、「今、この瞬間の体験に意図的に意識を向け、評価をせずに、とらわれのない状態で、ただ観ること」と説明されることが多い。

(3) 今各地でブームになっているマインドフルネスの目的は、〝心身を健全にし、洞察力や直観力や創造力が高まる〟という効果にある。
心（思い）が悩みや怒りや憎しみにとらわれている時に、マインドフルネスを行なうと、すなわち今この瞬間の自分の呼吸とか自分の行動に注意を向けると、一時的だが心（思い）は悩みや怒りや憎しみから離れることができる。現象として現れた悩みや怒りや憎しみなどの煩悩（我）から離れることができる。

そのために、そういう効果を前面に出して、マインドフルネスの有用性を盛んにＰＲ（宣伝）している。もちろん、そういう効果だけでも本当にすばらしいことではある。

しかしマインドフルネスだけでは、心（意識）の奥深くに頑強に居座っている煩悩（我）の本体(種子)を消し去る(解消する)ことはできないのである。

(4) それに対して、仏陀の修行法の目的は、言うまでもなく煩悩(我)の解消すなわち輪廻からの解脱である。煩悩(我)の本体(種子)を消し去ることである。
そのためマインドフルネスの本来の目的も、やはり最終的には煩悩(我)の解消すなわち輪廻からの解脱なのである。

マインドフルネスを行なうことで、一時的だが現象として現れた悩みや怒りや憎しみなどの煩悩(我)から心(思い)を離すことができるために、自分の心(思い)を冷静に観察する余裕が生まれる。

そうなって初めて、自分の心(思い)を冷静に観察することができ、自分に特有の煩悩(我)を観察することができるのである。その副産物的な効果として、〝心身が健全になり、直観力や創造力が高まる〟のである。

(5) 自分が普段認識していない悪い性格や欠点すなわち煩悩(我)は、誰でも必ず持っている。
そういう自分が普段認識していない悪い性格や欠点すなわち煩悩(我)を、第四課程(マインドフルネス)以降のプログラムを実践することで、はっきりと自覚できるようにする。

それは、日常生活における自分自身の考えや行動を、あたかも他人を観察するように気をつけて観察することで、自分がそれまであまり認識していなかった悪い性格や欠点すなわち煩悩(我)を、はっきりと自覚できるようにする。

(6) マインドフルネスは、八正道と同じ三十七道品の四念処、五根、五力、七覚支などにおける「念」と同じであり、仏教の基本概念の一つである。

そして、仏陀の修行法全ての基盤となる〝四念処法〟の特に重要な要素である。

(7) マインドフルネスは、多くの指導者達によって様々な方法が提案されている。

ここでは、本来の目的「最終的には煩悩(我)の解消」を前面に出している四念処法を念頭に置いた手順を次に示す。

行なう時間は、最初は一日に一回一〇分間ほどの短い時間から始める。慣れてくるのに応じて、一日に二回、三回と回数を増やし、時間も十五分間、二〇分間と延ばしていく。

(手順1) 背もたれがまっすぐな椅子に座るか、もしくは床やクッションの上に脚を組んで座る。

(手順2) 次に、体をゆっくりと四、五回ほど前後左右に動かして体の力みを取り除いて、心身ともにリラックスする。

(手順3) 次に、目を完全に閉じる。

目を完全に閉じないで、少し開ける(半眼にする)というやり方もあるが、ここでは目を完全に閉じる。

その理由は、目を完全に閉じることで、心の奥(潜在意識)に記録されている様々な思い(記憶や煩悩)を、あえて心の表面(表層意識)に湧き出てくるようにするためである。そうすることで、手順5を速やかに訓練することが出来る。

(手順4)次に、息が入ったり出たりする呼吸に注意を向ける。または、腹部の動きに注意を向ける。この時、呼吸をコントロールしようとせず、自分の自然な呼吸にただ気づいているというつもりで注意を向ける。

(手順5)しばらくすると、気になっている事や過去の記憶などが心に浮かんでくる。すなわち、心の奥(潜在意識)に記録されている様々な思い(記憶や煩悩)が、心の表面(表層意識)に湧き出てくる。その場合は、それにとらわれずに、心に浮かぶままにする。

すなわち、自分を外から見るように(または他人を見るように)、心に浮かんでくる記憶などを受け流す。これがうまく出来るか出来ないかが非常に重要である。最初はうまく出来なくても、何回でも繰り返すうちに出来るようになる。

そのため、手順1～手順5を何回でも繰り返す。

（手順6）気になっている事や過去の記憶などが心に浮かんできた場合は、少なくとも五〜一〇分は、それにとらわれずに心に浮かぶままにする。その時に心に浮かんできた気になっている事や過去の記憶などが、自分の性格や心の欠点すなわち煩悩を示唆している場合が少なからずある。

（手順7）次に、気になっている事や過去の記憶などが心に浮かんできたのは、「注意が散漫になっている証拠だ」と自分に言い聞かせ、注意を呼吸や腹部の動きに戻すことで心身をリセットする。

（手順8）手順7を行なっても心身をリセットすることが困難になった場合は、①〜③のいずれかを行なうことで、心身をリセットできる。

①　上半身をゆっくり動かして、その動きに注意を向ける。

②　手や足をゆっくり動かして、その動きに注意を向ける。

③　立ち上がってゆっくりと歩き、歩行の動きに注意を向ける。

そのほかにも、気（のエネルギー）を用いた心身をリセットする方法があるが、ここでは省略する。

以上を、一日に一回以上、二〇分間〜三〇分間を無理なくできるようになるまで訓練する。

筆者は、マインドフルネスの完成した姿は、「思い（想念）をなくすこと」であり、「必要な時以外は想念停止の状態を保つこと」ではないかと考えている。

その理由は、本テーマから脱線するので、ここではこれ以上は言及しない。

五―三―五　第五課程　日常生活をしながら気付きの瞑想

ここからは、習得するのが一段とむずかしくなる。

そのためにも、マインドフルネスを充分に訓練し習得している必要がある。


（手順1）第四課程までを習得できたら、日常生活をしながら、自分が行なっている動作（家事とか仕事などの動作）だけに特別に注意を向ける。

これも、行なう時間は一日に一回一〇分間ほどの短い時間から始める。

この時、気になっている事や過去の記憶などが心に浮かんできても、それにとらわれずに、心に浮かぶままにする。

実施する日数は、少なくとも週三日、出来れば毎日

（手順2）次に、手順1の時間を、延ばしていく。

①　行なう時間を一回一〇分間、午前と午後に各一回
②　行なう時間を一回二〇分間、午前と午後に各一回
③　行なう時間を一回三〇分間、午前と午後に各一回

（手順3）手順2までを習得できたら、次は週に一日だけ一日中、自分が行なっている動作ではなく、今度は自分の感情（心）の変化に特別に注意を向ける。この時、気になっている事や過去の記憶などが心に浮かんできても、それにとらわれずに、心に浮かぶままにするのは同じである。それ以外に、他の人々との関係の中で、言い争いなど嫌なことが現実に起きることで、感情（心）が〝腹が立つ〟とか〝悔しい〟とか〝憎らしい〟とか様々に揺れ動くことがあっても、その感情（心）の変化に気づいて、しかもそれにとらわれずに、心に浮かぶままにする。残りの六日間は、手順2の③を継続して行なう。（ここで断わっておくが、手順3になると習得するのが格段に難しくなる。）

（手順4）手順3の「感情（心）の変化に気づいて、しかもそれにとらわれずに、心に浮かぶままにする」ことが、一～二分以内にできるようにする。

（手順5）手順3の「感情（心）の変化に気づいて、しかもそれにとらわれずに、心に浮かぶままにする」ことが、一〇秒以内にできるようにする。

（手順6）次に、手順5の実施時間を増やしていく。
週に一日午前も午後も、週に二日午前も午後も　………　と増やしていく。
週に三日はできるようになるまで訓練する。

■解説―その3

ここで注意しなければならないことがある。それは、「他の人々との関係の中で、言い争いなど嫌なことが現実に起きることで、感情（心）が〝腹が立つ〟とか〝悔しい〟とか〝憎らしい〟とか様々に揺れ動くことがあっても、その感情（心）の変化に気づいて、しかもそれにとらわれずに、心に浮かぶままにする。」と簡単に書いているが、実はこれが非常にむずかしいのである。

①　その感情（心）の変化に気づく。
②　気づいた感情（心）の変化にとらわれずに、心に浮かぶままにする。

①は、訓練を続ければそのうち出来るようになる。ところが②は、訓練を続けても出来るよ

うになるのが非常に難しいのである。心に浮かぶ思いには、色んなものがある。何気ない思いの場合は、即座にとらわれずに心に浮かぶままにすることが出来る。しかし、腹が立つ思いとか悔しい思いとか憎らしい思いとかイヤな思いなど、いわゆる三毒と言われる「貪瞋痴の思い」の場合には、どうしてもそれに捉われてしまい、憎さや悔しさや腹立たしい思いにそのまま引き込まれて翻弄されてしまうことが多い。

昔から、多くの僧侶や宗教者の方々も非常に苦労されており、「貪瞋痴の思い」の場合は、「心に浮かぶままにする」具体的な方法は提案されていない。「翻弄されないようにする」具体的な方法はいくつか提案されており、例えば、

・川の流れを思い浮かべて、「心に浮かぶ思いを、さらり、さらりと川に流す」イメージをする。

・燃え盛る炎を思い浮かべて、「心に浮かぶ思いを、火に入れて燃やす」イメージをする。

などの方法がよく知られている。

「貪瞋痴の思い」に翻弄されないようにする方法の訓練を続けていけば、そのうち「貪瞋痴の思い」も、即座に「心に浮かぶままにする」ことが出来るようになるとは思う。

筆者も以前、こういった方法をしばらく試した時期がある。やり初めの頃は、心に浮かぶ「貪瞋痴の思い」を受け流そうと、こういった方法をおそらく一〇分以上、何回も何回も行なったが、うまく受け流すことは出来なかった。それでもあきらめずに続けていくうちに、三か

月か四か月ほど経った頃だろうか、数分以内で「貪瞋痴の思い」をうまく受け流して「心に浮かぶままにする」ことが出来るようになった。

残念ながら、こういった方法は筆者にはあまり向いていなかったせいか、即座に受け流すところまでには上達できずに、こういった方法を行ないながらも別の方法を模索していた。

実は、「心に浮かぶ思いにとらわれずに、心に浮かぶままにする」ことには、別の重要な意味(重要な理由)が隠されている。さらに、それを習得というか達成するための方法(瞑想法など)がある。

ここで紹介している技法を一つ一つ訓練していくうちに、感得できるものと思っている。

五―三―六　第六課程　一言一句、一挙一動、常に自分の言動や思いに注意する

(手順1)　第五課程の(心に浮かぶ思いを即座に受け流す)ことができなくても、(心に浮かぶ思いを数分以内に受け流す)ことができるようになったら、ここでは、第五課程の手順3の訓練を毎日行なう。

自分の感情(心)の変化に特別に注意を向ける。

（手順2）手順1を習慣にすることができたら、次は週に一日だけ一日中、日常生活における自分の言動に注意していく。一言一句、一挙一動、常に自分の言動に注意する。

残りの六日間は、手順1を継続して行なう。


自分の言葉に注意するやり方としては、例えば、相手（複数人でも可）に話す際に、話す相手の一人に自分自身も含めるイメージをする方法もある。

自分の行動に注意するやり方としては、例えば、自分の行動途中に時々、「今、こういう行動をしている」とつぶやく方法もある。


（手順3）次に、手順2の日数を増やしていく。

週に一日、週に二日、週に三日　………　と増やしていく。

毎日、常時できるようになるまで訓練する。


（手順4）次に、自分の話し（おしゃべり）の際、「どういう思いで話しているのか？」と、自分自身に問いかける。
・自分が注目を浴びたい為なのか？
・自分の利益の為なのか？
・自分の行動を正当化し、自分の賛同者や協力者を得る為なのか？

・誰かの評判を上げる為なのか？
・誰かの評判を下げる為なのか？

など、
毎日、常時できるようになるまで訓練する。

（手順5）次に、自分の行動の際、「どういう思いで行動しているのか？」と、自分自身に問いかける。
毎日、常時できるようになるまで訓練する。

自分の思いや考え（心や意識）に注意することで、それまで自分があまり認識していなかった悪い性格や欠点すなわち我（煩悩）が、はっきりと自覚できるようになる。すなわち、自分の我（煩悩）を見究めることができる。

五―三―七　第七課程　運命を変える四正勤法

いよいよ、「陰隲録の運命転換法」を活用した「運命を変える四正勤法」を行なっていく。「一言一句、一挙一動、常に自分の言動や思いに注意」しながら、それを行なっていく。毎日の自分の行為を、できるだけ積徳・積善に勤め、悪行・不善は行なわないようにする。しかも、それを精力的に怠ることなく実践していく。


（手順1）実践するにあたって、最初に目的・目標を掲げる。

道元禅師の言葉に、「誓願なきは菩薩の魔事なり」とか「行あって願なきものは菩薩の魔事なり」とあるように、精力的に怠ることなく実践していくためには、最初に目的・目標を設定するのである。

自分の希望が何かあれば、その希望を達成できることを目的にして、最初は善事五百を行なって天地の神々や祖先の徳に報いることを、請願文を作成して真心を尽くして誓う。

もし、天地の神々や祖先の徳に違和感を覚える人は、大生命とか両親の恩とか誰それへの恩など、違和感を覚えないものに代えても構わない。誓願文は大切な所に保管して、時々目を通して、そのたびに真心を尽くして誓う。


（手順2）就寝前に、前述した「功過格款（雲谷禅師伝）—行為に関する善悪の基準書」（功過格表）に基づいて、毎日の自分の行為を査定する。

毎日の自分の行為が善事であれば、功過格款（功過格表）に書いてある数を加え、反対に悪事であれば、善事の数から悪事の数を差し引いて、その日一日の合計数を日記や手帳などに毎日記入する。

尚、功過格表の「百銭一功に準ず」や「百銭一過に準ず」の百銭については、実践者の収入など経済状況に応じて、千円とか一万円とかに決めておく。

■解説―その4

繰り返しになるが、例えば、数が少ない「五戒」でも完全に守ることができると思っている人はまずいない。一週間とか一か月とかの期間限定ならともかく、将来にわたって死ぬまでずっと守り続けることができると思っている人はまずいない。すなわち、戒を実践する前からギブアップしているのである。

しかし、「戒を守ろうと戒を実践していくうちに、いつの間にか戒を守ることができるようになる方法」を仏陀釈尊は工夫されており、実際に弟子達に指導されていたと考えている。その方法は、「功過格款(雲谷禅師伝)」の原型となったものを活用した方法であり、仏陀釈尊の入滅後、四正勤と称されてきた方法であると考えている。

人は誰でも戒を守ろうと戒を実践していても、つい誤って一回でも戒を破ることがあると、「戒を破ってしまった。もうダメだ。戒を続ける資格がない。」と思うものである。必死に戒を守ろうと思えば思うほど、その傾向は強いと思う。その結果、いつの間にか戒の実践をギブアップしてしまう。僧侶や神父や宗教者でない我々凡人の多くは、一回どころか、それこそ頻繁に戒を破っていると思う。たとえ宗教団体に入信している人達でも、あまり変わらないと思う。

この「陰騭録の運命転換法」を活用した「運命を変える四正勤法」は、(手順2)で分かるように、「自分の行為が悪事」の場合もあることを前提に考案されているのである。すなわち「初めのうちは、戒を破ることがある」ことを前提に考案されているのである。そして、実践が進んで「善事の数」が増えるということは、「自分の行為の悪事」が減ることを意味し、すなわち「戒を破ることが減ってきた」ことを意味している。さらに実践が進んでいくと、最終的には「自分の行為の悪事」はなくなっていく。すなわち「戒を完全に守ることができる」ようになっていく。

■解説―その5

筆者は、「功過格款(雲谷禅師伝)」の原型となったものを考案したのは仏陀釈尊ご自身ではないかと考えている。その理由は、仏陀は、その日の食事にも困るような極めて貧困な村であっても、さらに信者が一人もいない村であっても、そういう村を積極的に托鉢して回ったと伝えられている。

托鉢とは‥ 僧侶が在家者(通常は信者)の家を訪れて食物を恵んでもらうことで、相手(在家者)に〝お布施の功徳〟を積ませること。お布施の相手が高徳であればあるほど、または貧困であればあるほど、その功徳は大きいと言われている。もし、仏陀にお布施をした(食物を与えた)場合は、その功徳は計り知れないほど大きいだろう。

極めて貧困な村だと、お布施をしてもらえない(食物を恵んでもらえない)可能性が高い。そうなると、必然的に断食せざるをえない。すなわち、仏陀は断食を覚悟の上で、極めて貧困な村にも幸せが訪れるようにという慈悲の一心で、教えを説くために、そして〝お布施の功徳〟を積ませるために足を運ばれたのである。

弟子達と托鉢の途中の分かれ道で、仏陀が行こうとした道(方向)に対して、弟子達は仏陀に「道を間違っているのではないでしょうか」と質問したという。というのは、仏陀が行こうとした道(方向)の先には、その日の食事にも困るような極めて貧困な村しかなく、歓迎される(食物を恵んでもらう)という期待がほとんどなかったのである。それに対して、もう一つの道の先には裕福な村があり歓迎されることが分かっていたのである。仏陀は弟子達の質問に対して、「そういう境遇の人達こそ〝境遇を改善できる教えと方法〟が必要であり、それを説くために行くのである。」という内容の返答をされたと伝えられている。

インドにはカースト制度という身分制度があり、身分や職業が決められていた。おそらく、仏陀は最下位のカーストが暮らしている村にも積極的に托鉢して回り、教えを説かれたと思われる。そういう境遇に生まれた人達は教育を受けることはないし、満足な仕事もなく、生活を改善するどころか、その日の食事にも困るような状況だった。そして他の境遇(世界)を知ることもなく、彼らが生活している境遇が唯一の現実世界だった。

そういう境遇(環境)では、運命を変えるために、「積徳・積善に勤め、悪行・不善は行なわない」ようにする(戒を実践する)ことは、まず思い浮かぶことはないと思われる。たとえ教えてもらったとしても、実践することはまず不可能に思えたことだろう。たとえ〝境遇を変えたい、運命を変えたい〟と一時的に思ったとしても、すぐに現実(カースト制度という定められた現状)に打ちのめされて、いつもの生活に戻らざるをえなかったであろう。勉学でもスポーツでも仕事でも修行でも全てにおいて、何かを成し遂げる際には、そのために行なう方法(実践法)を信じることが最も重要であり必要不可欠である。そして、自分自身を信じることが最も重要であり必要不可欠なのである。すなわち、自分は必ず成し遂げることができるという確固たる自信が必要不可欠なのである。そういう環境では、それら二つを持つことは難しいと思われる。おそらく、二つのうちのどちらかでも持っている人は少なかったであろう。その前に、そういう環境でも「積徳・積善に勤め、悪行・不善は行なわない」ようにする(戒を実践する)適切な方法はなかったと思われる。

そういう環境でも「積徳・積善に勤め、悪行・不善は行なわない」ようにする(戒を実践する)方法は、そういう場所にも積極的に托鉢して回り、そこの生活状況をつぶさに見て回らないと工夫できないのである。その前に住人を救おうという慈悲心がないと、工夫しようとも思わないだろう。当時も今も、僧侶は尊敬される存在であり、いわば一種のエリートである。(力ある)僧侶のもとには、信者の方から授業料を払ってでも教えを乞いにやってくるのである。多くの寺院や宗派においては、寺院や宗派を維持・発展させるために、信者の中でも富裕層とか、富裕層でなくてもお布施を多くする信者ほど優遇されると聞く。そういう信者ほど、秘伝とされる教えや行法を特別に伝授されるという。昔も今も同じであろう。しかし、そういう方法(教えや行法)がより必要なのは、貧困層や境遇に恵まれない人達である。仏陀釈尊が説かれた教え、語られた言葉は全て、〝人々が幸せであるように、人々が幸せになるように〟という願いが込められている。誰もがとかく避けようとする貧困層や境遇に恵まれない人達にも、そういう方法(教えや行法)を積極的に説かれたのが仏陀釈尊なのである。そして、「功過格款(雲谷禅師伝)」を活用した方法は極めて優れた方法であり、どんなに貧困で恵まれない境遇であっても、実践しようと思えば実践できる方法なのである。これを考案・工夫した人は、慈悲の心にあふれた極めて優れた能力の持主である。該当する人は、仏陀釈尊しかいないと筆者は考えている。仏陀釈尊が「功過格款(雲谷禅師伝)」の原型となったものを考案されて、年月を経て改良されたものが「功過格款(雲谷禅師伝)」であると筆者は考えている。

■解説—その6

「功過格款(雲谷禅師伝)」(功過格表)は、「陰騭録の運命転換法」の原型となった方法で戒行を実践していた修行者達によって、長い年月をかけて、積徳・積善になる行為の種類とその影響の大きさ、悪行・不善になる行為の種類とその影響の大きさが整理されて完成されたと考えられる。各時代の修行者達が何世代にもわたって、多くの人々の行為とその後の人生などを観察してきた結果、確かにそうであり妥当であると厳密に吟味し選定してきた結果であると思われる。そのため、「運命を変える四正勤法」でも「功過格表」をそのまま採用している。

■解説—その7

内容をみれば分かるように、陰騭録の「功過格表」には在家信徒向けに課されていた五戒の一つである不飲酒戒がない。五戒よりも実践し易いようになっている。酒(アルコール)は、古代から男女を問わず成人の嗜好品であり、一日の疲れや精神的ストレスを癒すための必需品であった。すなわち、飲酒を禁止していないということは、まさしく在家信徒向けに、運命を良い方向に転換する目的で編纂されたものである。

そのため、おそらく解脱を目的に編纂された出家者向けのものが別にあり、そこには「功過格表」の内容よりもさらに禁止事項や奨励事項が付加されていたものと思われる。逆に言えば、解脱を目的に編纂された出家者向けのものから、いくつかの禁止事項や奨励事項を削除して、在家信徒向けに編纂し直したのが陰騭録の「功過格表」であると言える。

もっとも、初期仏教や上座部仏教は確かに酒(アルコール)は一滴でも違反だが、大乗仏教の多くの宗派では不飲酒戒の解釈が異なる。不飲酒戒は「飲酒はしない習慣を身につけましょう」といった解釈であり、自分自身をコントロールできる程度の少量の飲酒は問題ないという解釈であるという。そういう点を考慮すると、陰騭録の「功過格表」は在家信徒向けだけではなく、出家者向けも兼ねていたのかもしれない。

注意事項

①・毎日の自分の行為の査定は、こういう行為を行なったという行為の事実や内容の確認だけで終わるのではなく、

・なぜ、そういう行為を行なったのかを考える

・自分の(性格の)長所や短所と関係があるのかを考える

・その行為は罪に当たるのかを考える
・反省する
・今後どうすればいいのかを考える

など、動機、自分の長所や短所、反省、今後の対応まで含めて振り返る。

②・実践を開始してしばらくは、善事の数から悪事の数を差し引いた一日の合計数が少ない日が続くと思う。もしかすると、プラスどころかマイナスの日が多いかもしれない。そうなると、無意識に自分の行為を甘く判定するようになり、良い行為の時は点数を多めに付けて、悪い行為の時はマイナスの点数を少なめに付けるようになる。そうならないように、常に自分の行為の査定が正しいかどうかに気をつける。

③・さらに、時間が経つと、早く目標の数値(点数)まで到達したいという気持(意欲)が強くなってくる。すると、「積徳・積善に勤め、悪行・不善は行なわない」という本来の目的からずれていき、数値(点数)を増やすという一種のゲーム(遊び)感覚になってくる。そうなると、やはり無意識に自分の行為を甘く判定するようになり、良い行為の時は点数を多めに付けて、悪い行為の時はマイナスの点数を少なめに付けるようになる。この点についても、そうならないように常に気をつける。

（手順3）目標の善事五百を達成することができたら、次は善事の数を増やして目標を設定する。同じように、自分の希望が達成できることを目的にして、天地の神々や祖先の徳に報いることを、請願文を作成して真心を尽くして誓う。

（手順4）目標を達成することができたら、同じように次の目標を設定し、請願文を作成して真心を尽くして誓う。これを、繰り返していく。

あたかも、女性がいつまでも若く美しくありたいと毎日化粧をするように、そして男女を問わず、いつまでも若く健康でありたいと毎日食事に気を使い運動をするように、それと同じように自分の言動パターンを〝世のため人のためになるパターン〟にすることを毎日続けていくのである。

ところで、〝解説―その5〟で言い忘れたことがあったので、それをここで述べたい。それは、極めて貧困な村の住人達は、わずかしかない食料を仏陀とその弟子達に分け与え、仏陀達はそれをお粥（おかゆ）にして食べながら十日ほど滞在し、住人達に教えを説いたという。そそのち、村人達はみんなで協力し合って、貧困な状態から脱したという。おそらく、仏陀の教えを守り努力したのであろう。

最後にもう一度、袁了凡の言葉をもって、この章を閉じたいと思う。

ここに特筆すべきことがある。

それは、孔老人の予言では私の寿命は五十三才だったのに、一度も長寿や延命を祈ったことはなかったにもかかわらず、今やそれを十六才も越えて六十九才にまでなった。しかも、働き盛りの壮年の者にも負けぬような健康体を維持している。書経にあるように、寿命も禍(わざわい)も福もすべて、自分の行ないや心がけの結果である。すなわち、幸福も不幸も、すべて自分が招いた結果なのである。私は、これを身をもって知った。

息子よ、上は国土の恩に報いることを願い、下は家門の福を増すことを思い、外は他人の困窮を救うことを考え、内には自分の邪悪不正を防ぐことに努めよ。日々自分の過ちを反省し、改めるように努めよ。この運命転換の秘法を、途中で諦めることなく毎日実行するのである。

あとがき

人は誰でも幼児から大人へと成長するにつれて、「学校の成績が良くなりたい」、「スポーツがうまくなりたい」、「いい学校に進学したい」、「いい会社に入りたい」、「いい人に巡り合いたい」など様々な願いを心(意識)に持つようになる。そして、その願いが叶うようにと、目標や計画を立てて実行したり、神社や寺院にお参りしたりする。その一方で、その同じ心(意識)で他人を蹴落としてまでも自分の欲望(我欲)を叶えようとしたり、自分だけは利益を得ようとしたり、誰かを憎んだり、怨んだりする。

考えてみれば分かるように、これはとんでもない矛盾である。同じ心(意識)で、幸福(自分は幸福になりたい)と不幸(競合する他人は不幸になっても構わない)を願っているのである。同じ心(意識)で、利益(自分は利益を得たい)と損失(競合する他人は損をしても構わない)を願っているのである。

心(意識)には、意識する心と意識しない心がある。

意識する心を表層意識といい、私達が何かを考えたり判断したりする時の意識であるが、これは人間の意識の中のごく一部分でしかない。氷山に例えると、氷山全体の一〇%にしかすぎない海上に現れている部分に相当する。意識しない心を潜在意識・深層意識といい、海面下に隠れている氷山全体の九〇％の部分に相当する。潜在意識・深層意識には、これまで行なってきた行為の記憶や思考、感情などが入っており、一定の時間を経てから表層意識に影響を及ぼし、私達の考えや判断や行動を左右している。表層意識で、幸福（自分は幸福になりたい）と不幸（競合する他人は不幸になっても構わない）を願っても、それが潜在意識・深層意識に蓄積される際は、主語（自分とか競合する他人）は消えるというか、区別がなくなるという。すると、潜在意識・深層意識には、幸福（幸福になりたい）と不幸（不幸になっても構わない）が蓄積されるはずである。しかし、〝幸福になりたい〟という心理は、実は〝今は幸福ではない〟と思っているからである。そうすると、潜在意識・深層意識には、幸福（幸福になりたい）と現状（今は本当の幸福ではない）と不幸（不幸になっても構わない）が蓄積されるのである。しかも現状（今は幸福ではない）は、幸福（幸福になりたい）と不幸（不幸になっても構わない）よりも前に、既に潜在意識・深層意識に蓄積されており、表層意識で幸福（自分は幸福になりたい）の願いをすると同時に、潜在意識・深層意識に蓄積されている現状（今は本当の幸福ではない）の思いは強固になる。これも、幸福（幸福になりたい）とは矛盾するものである。すなわち、潜在意識・深層意識には、相反するもの・矛盾するものが同時に蓄積されるのである。そのため、そういう矛盾した心（潜在意識・深層意識）である限り自分の願い（自分は幸福になりたい、利益を得たい）が叶うことはない。たとえ一時的に、自分だけ幸運を得たとしても、そのうち必ず不運な出来事が訪れることになる。

もし、「いい人に巡り合いたい」、「幸せになりたい」、「仕事で成功したい」……と願うならば、自分と同じように相手の幸せを祈り、相手を手助けするべきである。「運命を変える四正勤法」を実践していくと、自然にそれができるようになる。

尚、心(意識)には、意識する心と意識しない心、表層意識と潜在意識・深層意識があると言ったが、これは心(意識)が二つに分かれているという意味ではない。あくまでも心(意識)は一つであり、そういう仕組みや機能になっているという意味である。

「運命を変える四正勤法」を実践することは、自分の人生を有意義なものにするだけではなく、自分の周囲の人達にも良い影響を及ぼすことになる。

「運命を変える四正勤法」を実践することは、周囲の人達が願いを叶えるように利益を得るように手助けすることでもある。そうすることで初めて、自分の願いを叶えたり利益を得るようになるのである。だからこそ、仏陀は「運命が良い方向に変わっていく」という〝うたい文句〟(キャッチフレーズ)で、「四正勤」を人々に説き、その実践を呼びかけた(奨励した)のである。実践する人が一人増えるたびに、彼の周囲の人達にも良い影響が及ぶので、加速度的に多くの人達が救われる(運命が良い方向に変わっていく)ことになる。すなわち、実践する人が一人増えるたびに、世の中(世界)は平和へと近づいていくことになる。

そのために筆者は、仏陀の「運命を変える」という〝うたい文句〟を、今回の本の題名の冒頭に付けて「運命を変える四正勤法」とした。

実践する人が一人増えるたびに、周囲の人達を始め多くの人達が救われるという効果は、「運命を変える四正勤法」だけではなく、仏陀の修行法全てに当てはまる。すなわち、仏陀の修行法は全て、他人に利益をもたらす「利他行」である。いや、自分にも利益をもたらし他人にも利益をもたらす「自利利他行」なのである。

仏陀は、個人の幸不幸は、個人が心の中に持っている煩悩(我)に大きく影響を受けていると説いている。さらに多くの様々な例え話によって、煩悩(我)を非常に分かり易く説明されている。筆者には、とてもそんな芸当はできないので同じ例え話のくり返しになるが、煩悩(我)とは、電子計算機(コンピューター)で例えると、内蔵されているプログラムの一部に相当する。

煩悩とは、人間一人一人の心(意識)に内臓されているプログラムのうち、怒り・憎しみ・怨み・羨望・恐れ・妄想・偏見・自己限定など自己中心の心の働きを作動させるプログラムである。

そのため、煩悩(我)を多く出して人を傷つけ苦しめるほど、因縁果報(因果律)により、その後の人生は苦しみや不幸が多く生じてくる。

もし、心(意識)に内臓されている煩悩(我)を減少することができたり、減少できなくても実際の生活の場において言葉や行動となって現れる煩悩(我)を抑えることができるならば、それに応じて不幸な出来事が減ることになる。さらに、人を助けたり人のためになる事を行なっていくと、幸福な出来事が生じることになる。

ここで、誰しも次のような疑問が当然湧いてくると思う。

「理屈としては分かった。しかし、煩悩(我)を一つでも解消できるだろうか?」

「実際の生活の場において、言葉や行動となって現れる煩悩(我)を抑えることができるだろうか?」という、ごく当たり前の疑問である。

筆者も、最初にこの疑問が湧いた。

私達は実際の生活の場において、周囲の人達と絶えず衝突や諍いを起こしている。そのたびに、憎しみや怨みといった感情(煩悩、我)が湧くことになる。自分が加害者で相手が被害者の時は、そのことに気づいたら、大抵の場合は多くの人は被害者である相手に謝罪する。場合によっては、相手に損害を賠償する。そうすると、大抵の場合は被害者である相手は、加害者である自分を赦してくれるだろう。立場が逆で、相手が加害者で自分が被害者の場合も同じであろう。この場合の憎しみや怨みといった感情(煩悩、我)は、それほど大きくないと言える。

しかし、お互いが自分の非を全く認めない場合は、憎しみや怨みといった感情(煩悩、我)はいつまでも心に残ることになる。それが高じると、きっかけがあれば仕返し(復讐)したいと思うのが普通である。この場合の憎しみや怨みといった感情(煩悩、我)は、大きいと言える。

また、人身事故や事件などで死傷者がでた場合は、加害者が被害者に謝罪し何らかの形で損害賠償しても、被害者は加害者を本当に赦すことはなかなか出来ないという。たとえ加害者が謝罪した時はゆるすことができたとしても、記憶があるために、後日思い出すと憎しみや怨みといった感情(煩悩、我)が再び湧いてくるという。それは、被害者が宗教者であっても同じであろう。戦争など悲惨な出来事の場合もそうであろう。

被害者やその親族の方々の声が、時々テレビやラジオなどで報道されることがある。「憎しみや怨みといった感情(煩悩、我)は消すことはできない。宗教者として、一生をかけて憎しみや怨みを消す努力をしたい。」といった内容を宗教者でさえ語っている。

しかし、こんな頑強な憎しみや怨みでも、嘘のように解消していく場合があるという。一つの例として、ある事件の被害者が憎しみや怨みといった感情(煩悩、我)に苦しんで、そのために憎しみや怨みを何とかして消してしまいたいと願いかつ努力していた時に、被害者が事件とは全く関係のない加害者の関係者に対して、加害者に仕返し(復讐)するかのように言葉や行動で傷つける場合がある。すなわち、ある事件の被害者が、今度は加害者の関係者に対しては加害者の立場になってしまう。そうすると、事件とは全く関係のない加害者の関係者に対して、「なんてひどい事をしたんだろう。申し訳ない。どうか、自分の非を許してほしい。自分の罪を許してほしい。」と、思うようになる。そうなると、次第に当初の事件の加害者の罪悪感や苦しみを理解できるようになるという。すると、あれほど頑強だった憎しみや怨みといった感情(煩悩、我)が、不思議なことに次第に変容(変化)して和らいでいくという。場合によっては、その憎しみや怨みといった感情(煩悩、我)が解消していくという。

これとは全く別の形で、憎しみや怨みといった感情(煩悩、我)を変容(変化)させ解消させる方法が、仏陀釈尊が一生をかけてお説きになった「仏陀の修行法」なのである。その一つの方法が四正勤であり、「運命を変える四正勤法」である。

ここで断わっておくが、これを実践開始するにあたって、自分の年齢や今置かれている環境がどうであろうとも全く関係ない。読者の中には、「年齢が四〇~五〇才までならまだ先はあるので、実践しても効果を期待できるだろうが、自分はもう七〇才台であり先は短いので、今さら実践したところでたかが知れている。あまり意味がない。」と思っている人もいるかもしれない。または、病気やその他のいろんな事情で、「実践しようと思っても、身体的にも環境的にもまともな実践ができない。中途半端な実践になるので、あまり意味がない。」と思っている人がいるかもしれない。そうではないのである。あなたが実践することを決意し、実践を開始したその瞬間から、あなたの「運命を変える」大きな力が働くようになるのである。最初はたとえ中途半端な実践だとしても、続けるうちに次第にきちんとした実践に変わっていく。そして何よりも、実践を開始したその瞬間から、あなたの家族や大切な人を始め周囲の人達にも良い効果をもたらす大きな力が働くようになるのである。

この世においては、人間の人生は一回切りである。だからこそ貴重なのであるが、人は誰でも解脱(煩悩を消滅)しない限りは輪廻転生をすると、仏教を始め多くの宗教では説いている。もしそれが本当で、死んでこの世(物質世界、三次元世界)を去り、あの世(想念の世界)に行くとするならば、出来るだけ憎しみ、怨み、失敗等を悔やむ心(想念)である煩悩を少なくして、愛とやさしさと赦しと慈しみの利他の心(想念)を多く持つようにするべきである。あの世(想念の世界)があるとするならば、あの世は想念の世界なので、自分の心(想念)を自発的に浄化したり改善することは理屈上はできない。あの世(想念の世界)では、自発的に煩悩を少なくして、利他の心(想念)を多く持つように努力することはできない。そのために、今この瞬間の自分の思い(心)と煩悩を持ったまま、それに応じた新たな人間としてこの世に生まれ変わり、心(想念)と煩悩に応じた環境の中で、再びこの世で生きることになる。すなわち、今この瞬間の心(想念)と煩悩に応じて輪廻転生し、新たな身体や性格や能力を持って新たな家族とか友人などの環境の中で、新たな人生を送ることになる。

例えば、貧困に苦しんでいる人が目の前におり、自分は援助できるのに援助したくないと強く思い、実際に援助しない人の場合を例にとって考えてみると、そういう人がその心(想念)と煩悩に応じた環境に生まれ変わるとは、それは貧困に苦しんでいる人に援助しようと思う必要がない環境すなわち援助できない環境に生まれ変わることであろう。具体的に言うと、貧困に苦しむ環境に生まれ変わることであろう。誰もが一度は、「善い行ないをすれば(死んで)天国に行けるが、悪いことをすれば地獄に落ちる」と耳にしたことがあるかと思う。そうではなく、自分の心(想念)と煩悩にふさわしい場所、自分がしたくないと思う必要がない場所、すなわち自分(の心と煩悩)にとっての望ましい場所、自分が行きたい場所に行くのである。たとえ貧困に苦しむ環境に生まれ変わることであろうとも、自分(の心と煩悩)にとっての天国に行くのである。そこで新たな人生を送ることで、自分を見つめ直し、自分を高める機会を得るのである。自分の心(想念)と煩悩を見つめ直し、心(想念)と煩悩を浄化する機会を得るのである。言葉を換えると、自分を高めるために浄めるために、新たな人生を自分で選択しているのである。そうであるからこそ、自分の心(想念)と煩悩を見つめ直し、心(想念)と煩悩を浄化しなければならない。利他の心(想念)を多く持つようにしなければならない。

自発的に煩悩を少なくして、利他の心(想念)を多く持つようにすることができるのは、この世(物質世界、三次元世界)に生きている間だけである。それをできるようにする方法が、仏陀釈尊がお説きになった「仏陀の修行法」なのである。その中の一つの方法が四正勤であり、

「運命を変える四正勤法」である。さらに、「これを実践することができるのは人間だけである」と、仏陀釈尊はお説きになっている。そして、さらに説かれている。

「人間としてこの世に生を享けたことが、得がたき幸運であり幸福なのである」と。

これが、「幸福とは何か？ 幸福の定義は何か？」という全ての人に通じる幸福についての仏陀釈尊のお答えなのである。

令和元年

◆参考文献

・『ブッダのことば(スッタニパータ)』　中村　元　訳　(岩波文庫)
・『発句経』　友松圓諦　訳　(講談社学術文庫)
・『セルフ・コントロールの医学』　池見酉次郎　著　(ＮＨＫブックス)
・『立命の書　陰騭録を読む』　安岡正篤　著　(竹井出版)
・『密教占星術Ｉ』　桐山靖雄　著　(平河出版社)
・『改訂版　仏陀の修行法四神足より四神足瞑想法』　湯田浩二　著　(一粒書房)
・インターネット検索　Ｗｉｋｉｐｅｄｉａ

■著者紹介

湯 田 浩 二

1953年、鹿児島市に生まれる。
県立甲南高校、九州大学工学部、同大学院卒。
川崎製鉄(JFEスチール)を経て、
現在、自動車関連企業に在職。

仏陀の修行法 四正勤より

運命を変える 四正勤法

発行日　2019年9月2日

著　者　湯 田 浩 二

発行所　一 粒 書 房

〒475-0837 愛知県半田市有楽町7-148-1
TEL(0569)21-2130
http://www.syobou.com/

編集・印刷・製本　有限会社一粒社

ISBN978-4-86431-820-4 C0015